15歳までの女の子に伝えたい 自分の体と心の守り方

やまがた てるえ
Terue Yamagata

かんき出版

はじめに

あなたは今、月経《げっけい》（生理）が始まって、少し慣れてきたころでしょうか？

とはいえ、思春期の体はまだまだ不安定。月経のたびにおなかが痛くなったり、イライラしたりすることがあっても、誰に聞いていいかわからず、不安に思っている人も多いのではないでしょうか？

また、思春期は、体の変化とともに心も大きく変化する時期。「自分は何のために生まれてきたのか」がわからず悶々《もんもん》とした気持ちになったり、学校や部活などで友達関係に苦しんだり、異性とのお付き合いの中で「性」について迷ったり……誰かに聞いてほしいけれど、なかなか打ち明けられなくて悩んでいる人もいるでしょう。

この本は、そんなあなたのために生まれた本です。

月経についてのこと、心と体の変化のこと、異性との交際のこと、性にまつわる病気のことなどを、イラストを通してわかりやすくお話ししています。
「恥ずかしい」と思うかもしれませんが、とてもとても大切なことです。「性」を知ることは、自分の体と心に向き合うことでもあるからです。この部分をしっかり受けとめることで、人生を自分らしく生きられるようになるのではないでしょうか。

命を大切にする原点は、「あなたがあなた自身を大切にすること」から始まります。あなた自身が自分の心と体を愛せたとき、心から誰かを愛せるようになるでしょう。ゆっくり、少しずつ、焦らずに、気づいたところから始めましょう。

この本が、あなたの人生を豊かにするための一冊となれば、こんなにうれしいことはありません。

やまがた　てるえ

おとうさま、おかあさまへ

お嬢様の月経が始まり、体と心が大人へと成長する中で、異性との関係などいろいろなことが心配になることでしょう。

しかし、思春期まっただ中のお嬢様に「性のことについて話そう」と言っても、素直に聞いてくれないかもしれません。そんなときは、この本をお嬢様に手渡していただいたり、テーブルの上や本棚の目につく場所に本書を置くなどしてお嬢様に手にとっていただければ幸いです。

この本では、月経にまつわるトラブルから性感染症のこと、異性と交際するときに知っておいてほしいこと、避妊についてなど、なかなか親の口から言い出しにくいことに触れています。

女性として赤ちゃんを授かることのできる「命のバトン」を持っているということや、「自分の体と心を大切にする」というメッセージが伝わればという思いで書かせていただきました。

親は「娘を守りたい。これだけは知ってほしい」という思いから、つい口うるさくなってしまうこともあります。しかし、お嬢様自身も葛藤しながら成長していく時期ですので、お嬢様を信じてあたたかく見守ってあげることも親子の成長につながります。

この本が、親子で心を寄り添わせる一助になれば、幸せです。

もくじ　15歳までの女の子に伝えたい自分の体と心の守り方

2章 みんな、生理のことで悩んでる!!

3章 興味本位の性体験が危険なわけ

4章 彼氏がいれば幸せ!?

カバーデザイン 谷元将泰

本文デザイン 石山沙蘭

イラスト 藤井昌子

★☆★☆★☆★☆★ 主な登場人物 ★☆★☆★☆★☆★

長女　愛《あい》ちゃん

20歳。看護《かんご》大学２年生。真面目でしっかりタイプの頼れるお姉さん。将来の夢は助産師《じょさんし》。海外にわたって出産を支援をするような活動をしたいと思っている。

次女　舞《まい》ちゃん

17歳。高校２年生。わが道をゆくマイペースな女の子。明るくて友達も多く、オシャレが大好き。バイト代はほぼ洋服を買うお金に。特技はメールの早打ち。恋愛にも興味津々《きょうみしんしん》。

三女　未唯《みい》ちゃん

14歳。中学２年生。活発な女の子。部活はバスケットボール部。お姉ちゃんたちへの憧れから、いろいろなことを真似したり、のぞいたりしてちょっぴり背伸びをしたい毎日。

お宮《みや》ちゃん

体についてさまざまなことを教えてくれる話し好きの子宮《しきゅう》。両わきに卵巣《らんそう》（卵子のお部屋）であるお卵《らん》ちゃんがいる。

1章

女の子ってなんで、毎月生理になるの？

生理ってめんどうに感じるかもしれないけど、女性が美しく輝いて生きるためにはなくてはならないもの。この章では、生理のしくみや自分の体を大切にする過ごし方や考え方についてみていこう。

自分の子宮、大切にしている？

未唯ちゃん
おなかが痛くなるって
めずらしいね～
う～ん
ほら、
あったかい
豆乳よ
本当は朝練があったけど
昨日から生理になって
おなかが痛いから今日は
お休みしたの
前はこんなに
おなかが痛くなることが
なかったのに
どうしてなんだろ～
シャー
あ～～
めんどくさい！
はわわ…
おなかが痛くて
授業に集中
できないよ～
なんで
生理なんかが
あるんだろう……
ナプキンを
交換するのも
めんどくさいし……

そういえば、友達が
ナプキンを2枚重ねづけして汚れたらはがしてる〜
ぐる
なんてことを話してたっけ
まねしてみようかな
ぐる
ところでなんで生理ってあるんだっけ？
なんか小学校の保健体育の時間に習ったような気がするけどまったく覚えてないや〜
ぼや〜
生理になるとおなかが痛いしニキビも出るし……
舞ねえは生理のときつらそうで機嫌もサイアク（笑）
そういえば愛ねえは生理っていつきてるのかな？
いつもニコニコして元気だからわかんないや〜
そういえばおかあさんには生理があるのかな？
あ〜ダメだ！やっぱりおなかが痛い！
よろ……
すみません……具合が悪いので休ませてください……

保健室
あら！ そう 生理痛なの？
先生、なんでこうやって生理ってめんどーくさく毎月あるの？
しかも最近 血の量も 増えてきてさ なんか部活とかも 休まなきゃ いけなかったり してさぁ……
この本を読んでごらん
キィ…
『13歳までに伝えたい 女の子の心と体のこと』（かんき出版）
※思春期の女の子の心と体のことがよくわかる第一弾だよ！
ウトウト……
ねーねー どうして大事に してくれないの？

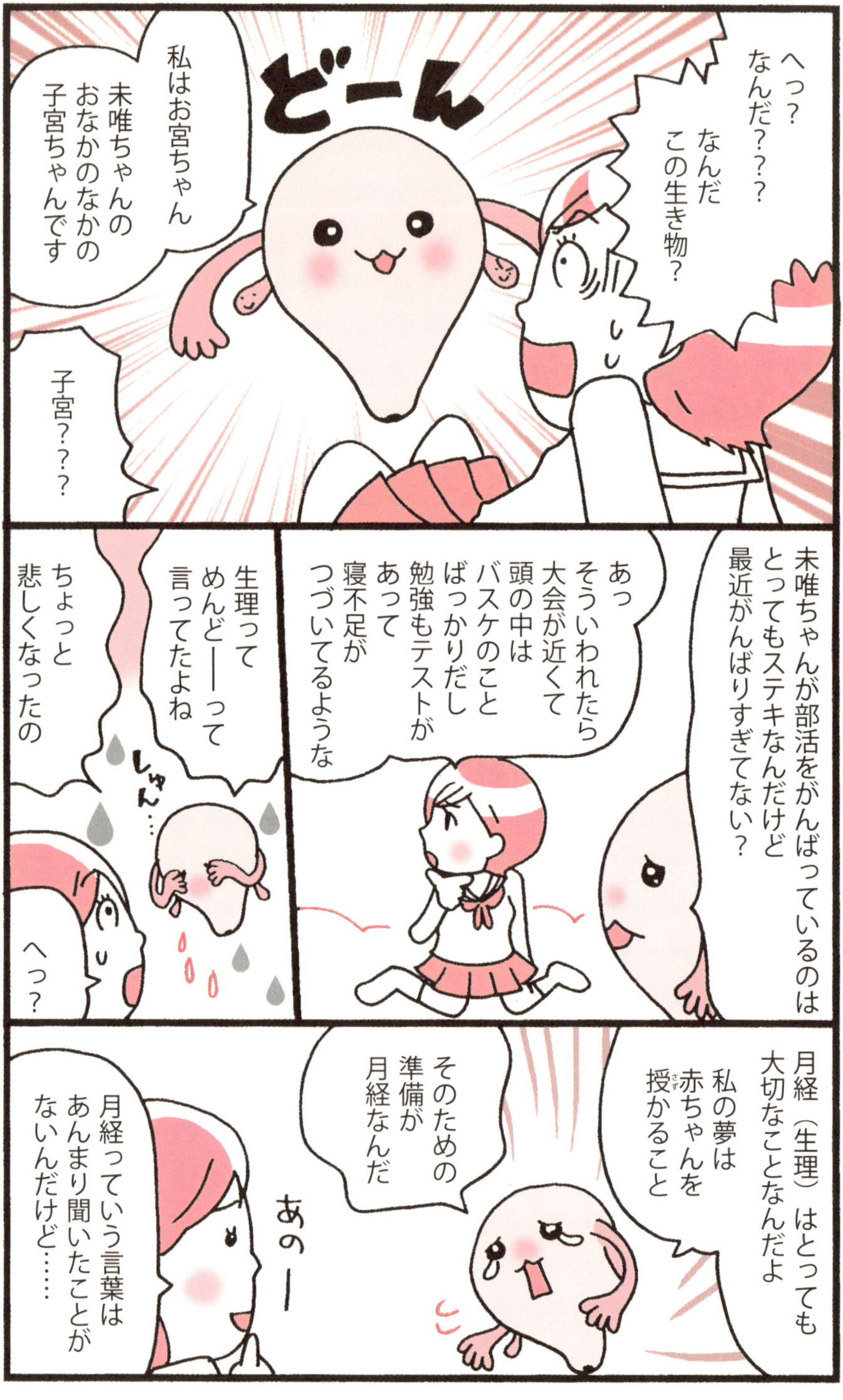
へっ？
なんだ？？？
なんだ
この生き物？
どーん
私はお宮ちゃん
未唯ちゃんの
おなかのなかの
子宮ちゃんです
子宮？？？
未唯ちゃんが部活をがんばっているのは
とってもステキなんだけど
最近がんばりすぎてない？
あっ
そういわれたら
大会が近くて
頭の中は
バスケのこと
ばっかりだし
勉強もテストが
あって
寝不足が
つづいてるような
生理って
めんどー―って
言ってたよね
しゅん…
ちょっと
悲しくなったの
へっ？
月経（生理）はとっても
大切なことなんだよ
私の夢は
赤ちゃんを
授《さず》かること
そのための
準備が
月経なんだ
あのー
月経っていう言葉は
あんまり聞いたことが
ないんだけど……

生理っていうのは
生理現象という言葉からきた
表現でね
CMなんかでも使われている
ニックネームみたいなもの
生理のほうが
呼びやすいのかも
しれないけれど
月の満ち欠けに関係している
こともあって
月経と呼ばれているんだよ
月日を経て
女性に成長するって
意味も感じるよ
あっ
そういえば今日は
満月だったかも
人間の体に起こる
生理現象はたくさんあるけれど
月経は赤ちゃんを授かるための
とても大切な出来事だということを
感じてほしいな
それだけじゃなくて
女性らしい体に
なっていくための
ホルモンのサイクルの
ことも話してね！
にゅっ
うんうん
!?
ななな！
なんかお宮ちゃんの
横についてる
二つのものはなんだ？？？
「なんだ？」とは
失礼な！
子宮の横には
卵巣《らんそう》といって
赤ちゃんのもとになる
卵子《らんし》のお部屋があるんだよ！

最近、未唯ちゃんはがんばりすぎてたから私たちにもそれが影響しておなかが痛くなったり出血が多かったりするんだよ
こうして体のサインをきちんと見つめて自分を大切にすることを忘れないでね
キーンコーンカーンコーン
は！
なんだ変な夢だったなぁ体を大切にする……？
ふーん
先生この本を借りてもいいですか？
どーぞ
ヒラヒラ
13

「子宮＝自分自身」ってどういうこと？

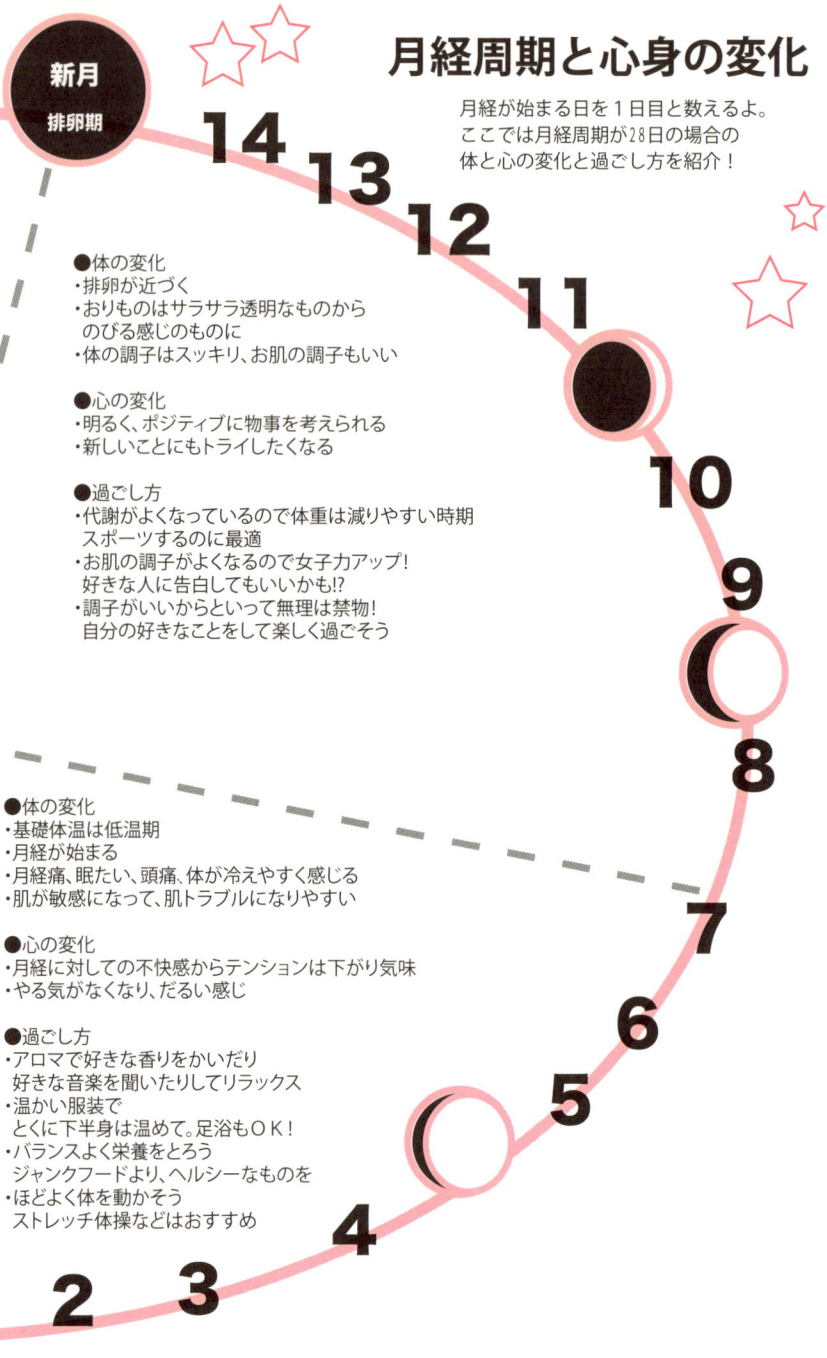

月経周期と心身の変化

月経が始まる日を１日目と数えるよ。
ここでは月経周期が28日の場合の
体と心の変化と過ごし方を紹介！

新月
排卵期

14 13 12 11 10 9 8 7 6 5 4 3 2

●体の変化
・排卵が近づく
・おりものはサラサラ透明なものから
のびる感じのものに
・体の調子はスッキリ、お肌の調子もいい

●心の変化
・明るく、ポジティブに物事を考えられる
・新しいことにもトライしたくなる

●過ごし方
・代謝がよくなっているので体重は減りやすい時期
スポーツするのに最適
・お肌の調子がよくなるので女子力アップ！
好きな人に告白してもいいかも!?
・調子がいいからといって無理は禁物！
自分の好きなことをして楽しく過ごそう

●体の変化
・基礎体温は低温期
・月経が始まる
・月経痛、眠たい、頭痛、体が冷えやすく感じる
・肌が敏感になって、肌トラブルになりやすい

●心の変化
・月経に対しての不快感からテンションは下がり気味
・やる気がなくなり、だるい感じ

●過ごし方
・アロマで好きな香りをかいだり
好きな音楽を聞いたりしてリラックス
・温かい服装で
とくに下半身は温めて。足浴もＯＫ！
・バランスよく栄養をとろう
ジャンクフードより、ヘルシーなものを
・ほどよく体を動かそう
ストレッチ体操などはおすすめ

●体の変化
・排卵後、基礎体温は高温期へ
・おりものはしだいに多くなり、
ドロッとした粘性のある白っぽいものへ
・むくみやすくなる
・肌の皮脂が少しずつ増える

●心の変化
・気分が不安定になってくる人も
・感情をためやすくなる

●過ごし方
・穏やかな気持ちで過ごしましょう
・むくみやすくなるので寝る前に
ストレッチなどをして血のめぐりを
よくしよう
・体を冷やさないようにしよう

●体の変化
・皮脂が多くなり、ニキビに悩む人も
・さらにむくみやすくなったり、体がだるく感じる
・食欲が出てくる
・頭痛、肩こり、便秘などが起こることも

●心の変化
・ネガティブでイライラしている感じ
・怒りたくないのに怒りっぽくなったり、
後ろ向きな考え方になったりする

●過ごし方
・ゆっくり深呼吸をして、気持ちを落ち着かせよう
・体を冷やさないようにしよう
・適度な運動とリラックスをしよう
ぬるめのおふろにゆっくりつかって、
しっかり体を温めよう

月経周期が 28 日の場合、
月の満ち欠けにたとえると図のようになるよ。
月経周期は個人差があって、25〜38 日周期が一般的

へー
月経周期にあわせた
過ごし方って
あるんだ～ぁ
あれ？ めずらしいね
本を読んだりして
う──ん
なんだかね
最近生理のときに
痛かったり
だるかったり
するんだよね
今日、はじめて
保健室で休んじゃった
そうなんだ
ちょっと
つらかったんだね
よいせ
私も高校生のころは
痛かったりしたことも
あったかな？
で……
どうして月経がくるか
知ってる？
う～ん
この本を読んで
なんとなく
わかったような
そっか、そっか
ちょうどいま学校で
婦人科の勉強をしてるから
おさらいついでに
教えてあげよう！
あっ
勉強に付き合わ
されるってこと？
まーまー
知ってるのと
知らないのとでは
月経に対する気持ちが
変わってくるよ
聞いてソンはない！

7年ごとの女性のホルモンの変化

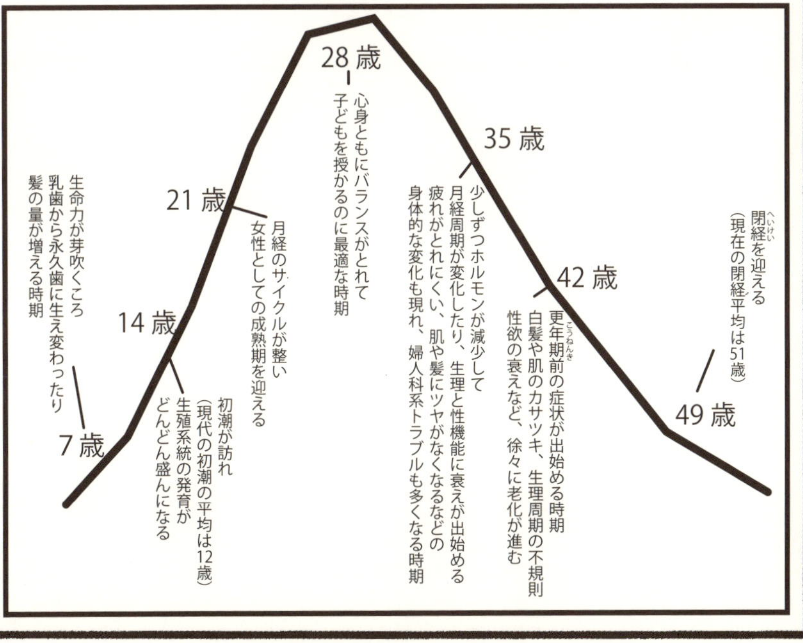

月経はどうして起こるの？

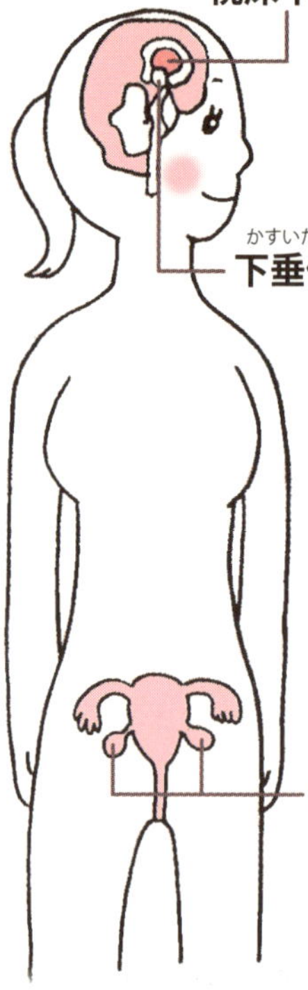

卵胞期

下垂体からFSH（卵胞刺激ホルモン）が
分泌されて卵胞が成長。
その後卵胞ホルモンの分泌がはじまり、
子宮内膜は増殖しはじめる。

排卵期

卵胞が成熟し、卵胞ホルモンがピークになり、
受精しやすい状態にするLH（黄体化ホルモン）が
分泌され、卵胞から卵子が飛び出す。

黄体期

排卵後、卵胞はLH（黄体化ホルモン）の作用で
黄体に変化。
黄体ホルモンがさらに増えることで子宮内膜は
ふかふかになり、受精を迎える準備に入る。

月経期

排卵から2週間受精卵がやってこないと、
卵胞ホルモン、黄体ホルモンともに
急激に減少して月経に。
そして視床下部から下垂体へ指令が出て、
再び卵胞期に入る。

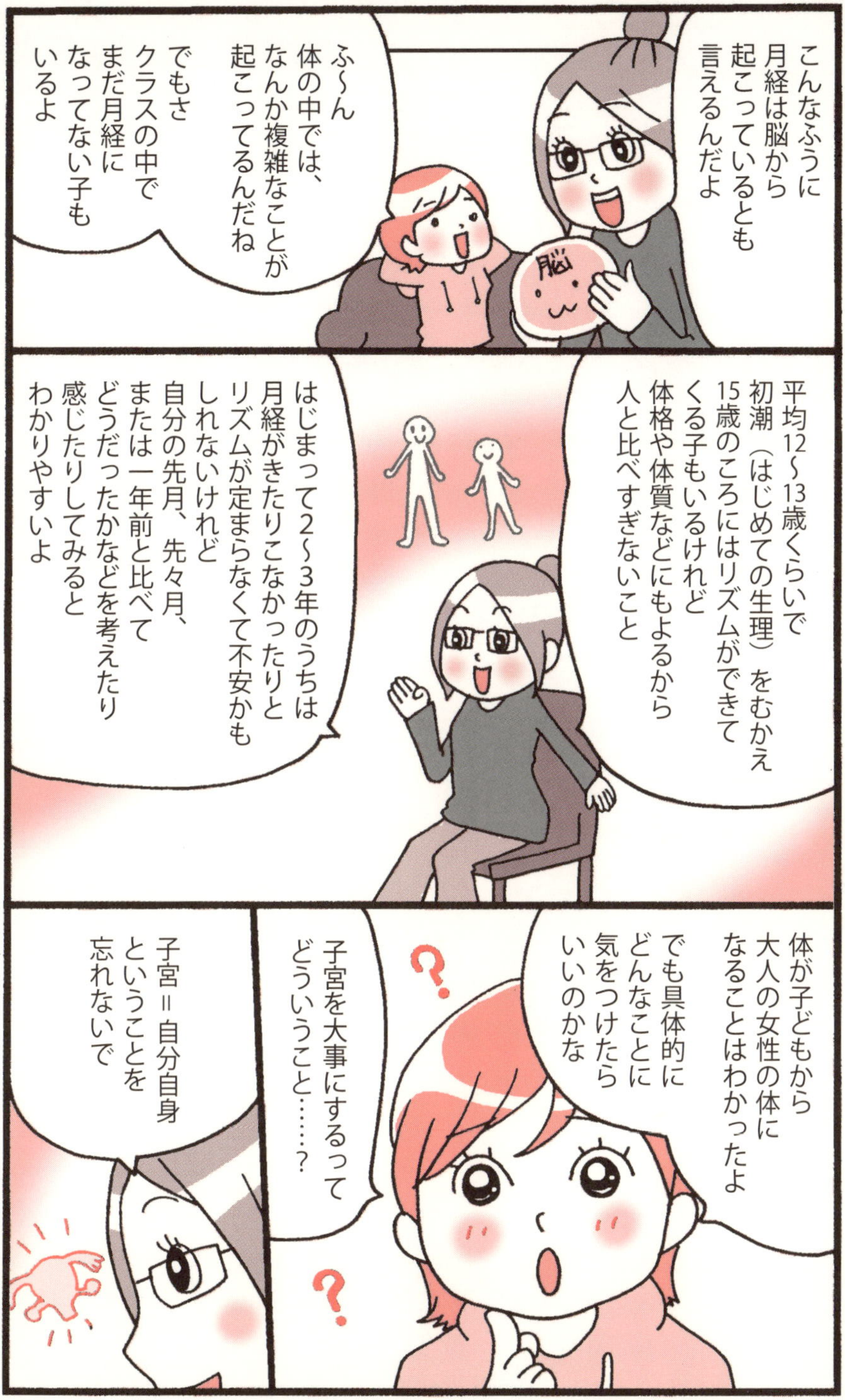
こんなふうに月経は脳から起こっているとも言えるんだよ
脳
ふ〜ん 体の中では、なんか複雑なことが起こってるんだね
でもさ クラスの中でまだ月経になってない子もいるよ
平均12〜13歳くらいで初潮（はじめての生理）をむかえ15歳のころにはリズムができてくる子もいるけれど体格や体質などにもよるから人と比べすぎないこと
はじまって2〜3年のうちは月経がきたりこなかったりとリズムが定まらなくて不安かもしれないけれど自分の先月、先々月、または一年前と比べてどうだったかなどを考えたり感じたりしてみるとわかりやすいよ
体が子どもから大人の女性の体になることはわかったよ でも具体的にどんなことに気をつけたらいいのかな
子宮を大事にするってどういうこと……？
子宮＝自分自身ということを忘れないで

とくにね
体を冷やしたり
十分休息がとれない場合は
月経がお休みを
してしまうこともあるのよ
どうしてお休みをして
しまうの？
サボリ!?
脳や胃、肺、心臓などは
絶対に休めない
臓器だよね
生きるために
毎日がんばっているよ
じゃあ
子宮が
お休みしたら
生きるために困る？
うーん、
すぐは
困んないな
今赤ちゃん
できても
困るし～
あっ
相手もいないし
月経がなくても命に
かかわることではないよね
だから
月経をお休みさせてでも
動かなくてはいけない臓器に
パワーを回しているんだよ
休み
もちろん病気が隠れて
いることもあるから
おかしいなと思ったら
婦人科を受診することは
大切だけど……

まずは体を温めて
バランスのよい食事や
適度な運動をして
楽しく毎日を
過ごしていたら
体も子宮も
元気になって
いくと思うよ
そうか
自分の中にある子宮を
大切にするためには
自分自身の体調を整えることが
一番なんだね
ひーん
最近
たしかに
夜ふかししたり
してたよなぁ～
そう!
ごめんね
お宮ちゃん
今気づけば大丈夫!
それにね
人間には
自分で治る力
（自己治癒力《じこちゆりょく》）も
あるんだよ

ホメオスタシスといって
自分で下がった体温を上げたり
上がった体温を下げたりなど
下がった—!!
上げよう
自分で元に
戻ろうとする力を
もっているの
その自分の力を
引き出してあげるためにも
自分の生活を
もっと大切に
することが
できるといいね
へえ〜!
愛ねえ
ありがとう!
私、もう少し
自分の子宮を
大事にしてみるね
もうこんな時間!
子宮を大事にするために
もう寝るね——!
そうそう!

自分の体を大切にしているかチェックテスト！

下の項目で３つ以上当てはまる場合は、月経トラブルが起こりやすくなる可能性があるので注意！　自分の体のことを振り返って、生活美人を目指そう。

□平熱が36℃以下

□夜ふかしをしている

□食べ物は好き嫌いが多い

□肌トラブル、肌あれやニキビが治りにくい

□イライラしたり、落ち込みやすかったりする

□だるくて疲れやすい、寝ても疲れがとれない

□手足が冷える、ふとんに入ってもすぐ眠れない

□肩こり、腰痛がある

□運動不足だと思う

□便秘気味や下痢気味

チェックがついた数

計　　　個

月経トラブルに負けない体づくりをしよう！

子宮にやさしい生活をすれば、月経トラブルも自然によくなるよ。そこで、生きる基本でもある「衣・食・住」＋「心・体」にいい生活を見ていこう。

衣　子宮がよろこぶファッション

オシャレにこだわりのある女の子も多いけど、体をしめつけたり、冷えるようなファッションでは子宮が悲しんじゃう。ここで紹介するアイテムを上手に利用して体をあたためよう！

レッグウォーマー

短いスカートやショートパンツをはいたときの必需品

ブーツ

冬の外出はロングブーツで冷え防止

つま先用のはるカイロ

血行が悪くてつま先が冷たい人にはうれしいアイテム
五本指靴下もおすすめ

おへその上までくるホットパンツ

おなかもおしりもあったかく包まれるので、寒い夜は手放せない！

はらまき

かわいいデザインのものも売ってるよ
ぜひ愛用してみて

もこもこルーム用スリッパ

くるぶしまで隠れるあったか素材のスリッパがあれば、足の冷えから卒業できるよ

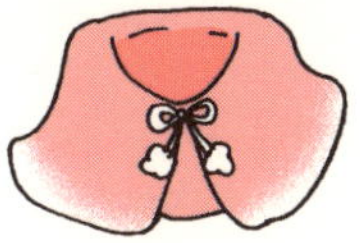

ポンチョ兼ひざかけ

肩からかければポンチョになり、たためばひざかけにもなる便利アイテム
寒い季節の勉強もはかどりそう

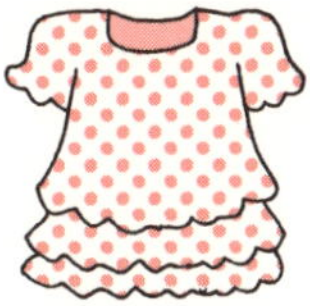

チュニック

重ね着をするとあたたかい！

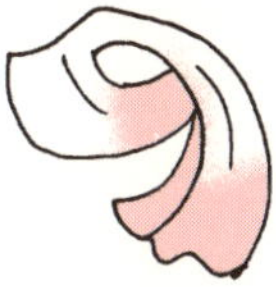

ストール

肩こりや頭痛のある人は、ストールで首回りをあたためよう
夏場は冷房の効いたところでも大活躍！

保温効果のあるインナー

寒い季節はもちろん、夏の冷房による冷えから体を守るためにも、保温効果のあるインナーがあると便利

コラム　下着は清潔＆肌触りのいいものを！

見える部分ばかりオシャレをして、「下着は何でもいい」って思っていたりしていない？　直接肌にふれる下着は、何よりも肌ざわりがいいことが一番。その上で、お気に入りの色やデザインの下着を選ぶと、とっても幸せな気持ちになるよ。
そして、清潔な下着を身につけることも大切。とくに、月経中は清潔にすることで気分もリフレッシュするよ。自分の肌に一番近い部分に気をつかうことで、あなたの体もよろこんでくれるはず。

食 心と体が元気になるおすすめ食べ物

心があたたかくなったり、元気がわいてくる食べ物を紹介するよ。
いつもの食事やおやつに対して、少し意識を変えてみよう。

最近ブームの「ローフード」とは？

ローフードとは、RAW（生の）FOOD（食べ物）の意味で、熱を加えずに作った料理のこと。生の食べ物には「酵素《こうそ》」といって、私たちを元気にしたり、病気を治したり、お肌をキレイにしたりするタンパク質がたくさん含まれているよ。サラダや果物、お刺身などはおすすめ。

ローフードのおすすめおやつ

甘いものを食べたくなるけど、白砂糖は体を冷やすからＮＧ。
そんなときは、次のようなおやつを食べてみて！

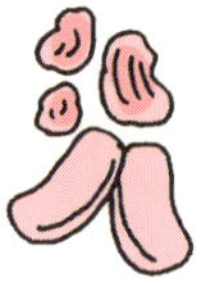

ドライフルーツ

レーズン、プルーン、いちじく、デーツ（ナツメヤシ）など

＊低温処理されていて、オーガニックのものが理想

ナッツ類

クルミ、アーモンドなど

＊油で揚げていないもの、塩分がないものがおすすめ

生のものは 1 時間以上水につけると、消化がよくなる

日本独特のおやつ

するめ（あたりめ）、
こんぶ（おやつ用こんぶ）など。

ふわふわ、やわらかいおやつはNG

「ふわふわ」「やわらかーい」ものは、その分いろいろな食品添加物が入っているよ。体もふわふわ、ぽにょぽにょになっちゃうから、食べ過ぎには気をつけて。素材をそのまま食べるようなシンプルなを選ぼう！

「全粒粉《ぜんりゅうこ》」「雑穀《ざっこく》」で作られたおやつもおすすめ！

ローフードではないけれど、「全粒粉」「雑穀」という表示のあるクッキーやおせんべいも体を元気にするおやつ。これらはもみ殻つきの穀物で作られていて、穀物のからにはミネラルやビタミンがいっぱい入っているんだ。

コラム　ゼロカロリーの落とし穴！？

ゼロカロリーというと、「太らない」と大よろびする人も多いけど、じつは、表記は0でも多少のカロリーはあるよ。人口甘味料が使われていて、その一部には、炭水化物と一緒に食べると「おなかがいっぱい」ということを伝える脳内物質の分泌を抑える働きがあるので、かえって食べすぎて太りやすくなることも！
できるだけ天然のものやシンプルな素材そのものを選んで、食べ過ぎないように「よく噛んで」「楽しんで」食べよう。

体も心もキレイになる「美スイーツ」！

市販のおやつもいいけれど、時には自分のために、体と心を元気にするおいしいおやつを作ってみてはいかが？

参考サイト【美心食 ZeZe】http://ameblo.jp/akaikuma-zeze/

レシピ1 チョコレートスムージー

材料

豆乳（無調整豆乳がベスト）　２００ｃｃ
はちみつ
（またはメイプルシロップ）　大さじ１～２
ココアパウダー
（お砂糖など入っていない無調整ココア）　大さじ 1.5
バナナ　１／２本
ブルーベリー（冷凍でもOK）　３０ｇ
バニラエッセンス　少々

作り方

材料をすべてミキサーに入れて、まぜあわせたら完成！

レシピ2 バナナとリンゴのスムージー

材料

豆乳（無調整豆乳がベスト）　２００ｃｃ
はちみつ
（またはメープルシロップ）　大さじ１～２
バナナ　１／２本
リンゴ　１／４個

作り方

材料をすべてミキサーに入れて、まぜあわせたら完成！

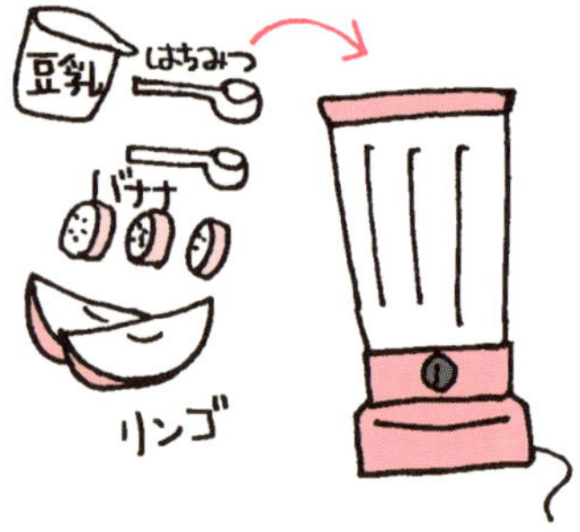

＊スムージーは作り立てをいただこう

レシピ3　小麦粉を使わない「米粉クレープ」

材料

米粉　200cc
卵　1個
水　350cc
塩　少々

作り方

1. 材料をすべてボールに入れてまぜ合わせる

2. ①をホットプレートやフライパンなどで両面を焼いてできあがり！
(テフロン加工のフライパンなら油をひかなくてもいいのでヘルシー)

＊火を使うのでおうちの人と一緒に作ろう

クレープやクラッカー、パンに、手作りクリーム

自然な甘さのクリームだよ。

アボカドチョコクリーム

材料

アボガド　1個
ココアパウダー　大さじ2
メープルシロップ　80g
バニラエッセンス　少々
シナモン　少々
みかん　1／4個
(または果汁100%のオレンジジュース大さじ2)

作り方

材料をフードプロセッサーに入れてまぜあわせて完成！

きなこクリーム

材料

きなこ　50g
水　大さじ2
メープルシロップ　50g
塩　ひとつまみ程度

作り方

材料をすべてボールに入れてまぜあわせる

住　心も体もリラックスするお部屋づくり

ストレスを感じたら、快適なお部屋でゆっくり過ごすことが大切。
ここでは、心と体が安らぐお部屋づくりの方法を紹介するよ。

部屋の状態は自分の心の状態を映し出す鏡

忙しいからといってついつい、服がぬぎっぱなし、文具や、本を出しっぱなし……になってない？　「部屋は心の状態を表している」と言われるように、部屋に物が散乱している人は、心に余裕がないのかも。下にあげた「物を片づけるための心がまえ」を読んで、お部屋を整理整頓してみよう。

「物を片づけるための心がまえ」

その１　本当に必要なものだけを持つようにする

その２　同じ種類のものを複数持っているときは（たとえば定規が７本、コンパスが３本など）、本当に気に入っているものだけを残し、ほかは捨てる

その３　今使わないものはこれから先も使わないものと思って手放す（たとえば、バーゲンで買った１回しか着ていない洋服など）

感謝をこめて処分する！

処分するものはただゴミ箱にポイ！　と捨てるのではなく「ありがとう！　今度はもっと考えて買い物するね」とひとことそえると、気分がスッキリするよ。
バザーに出したり、古本屋・古着屋に買いとってもらったりしてもいいね。もし、人にあげるときは、「処分してもいいからね」とひとこと付け加えるのが思いやりだよ。

カバンの中身は何が入っている？

カバンの中は整理できている？ レシートやおやつのゴミが入っていたりしていない？ カバンの中も自分の小さな居場所だから、「本当に必要なもの」「お気に入りのもの」だけにしてみよう。軽くなって、心も体も楽になるよ。

コラム　自分の部屋がない場合は……

自分の部屋がない、もしくは、きょうだいと１部屋を何人かで使っているという人もいるよね。まわりが片づけないと、自分も整理できない……と思いがちだけど、まずは自分のまわりから片づけてみよう。
人に「あぁしなさい！　こうしなさい！」と言っても、心にはひびかないから、態度でしめすのが一番。あなたが片づける姿を見て、相手も片づけようと思ってくれたらうれしいね。できることから始めよう。

心　前向きな心を育てるハッピーテク！

ハッピーなときは体も絶好調だけど、暗い気持ちのときは体調もいまいちなのはなぜ？　じつは、心と体ってつながっているんだよ。

「前向きになれ」ってどういうこと？

まじめな人ほど「絶対に前向きにならなきゃ！」と思って、がんばりすぎて疲れることも。ほんわかと前を見つめて、本当の自分と向き合いながら、つらいときは「つらいよ〜」って自分の心をやさしく扱ってみよう。ナチュラルな前向き思考を目指そうね。

常に明るい心でいられるようになるレッスン

レッスン1　自分の気持ちを感じてみよう

ツンツンした態度をとったり、いじわるをしたり、自分の殻《から》に閉じこもってしまうことはない？　それは、自分の本心にフタをして生きている証拠かも。フタをしてもいつか爆発してしまうから、本当の気持ちをていねいに感じてみよう。

1

静かな場所で目をとじて、イヤなことや不満だったことを思い出してみよう。

2

どんな気持ちがわきあがってきたかな？　悲しいときやさみしいときは泣いて、怒りがわいてきたら怒ってもＯＫ（ただし、相手にその感情をぶつけないでね）。

日記のすすめ

日記をつけてみるのもおすすめ。「話しかけたのに無視された。あいつ超むかつく〜！」「親友と恋バナをたくさんして、すごく楽しかった」など、今日あった出来事とそのときの気持ちを書いてみよう。「無視されると腹がたつんだよな。私も気をつけよう」「なんでも話せる親友に感謝」など、気づくことがたくさんあるよ！

3

気持ちを感じたら「つらかったんだね〜、私」って、自分で自分をなぐさめてあげて。モヤモヤしていた気持ちがスッキリして、「また明日からがんばろう！」って笑顔になれるよ。

レッスン2　言いづらいことは「Iメッセージ」で

どちらが心地よく聞こえるかな？

1「なんで連絡くれなかったの？」

2「連絡がなくて、さみしかった……」

1は、あなたが主語のYOUメッセージ。「なんで（あなたは）連絡くれなかったの？」。2は、私が主語のIメッセージ。「連絡がなくて、（私は）さみしかった」。2のように、自分の気持ちを伝える言い方をすれば相手を責めていることにならないね。

言いづらいことを言うときは、「私はどう感じたか」を伝える「Iメッセージ」でコミュニケーションをしてみよう！

レッスン3　過去のことよりも未来のことを！

相手に不満があるとつい、「なんで、私の意見を聞いてくれないの？」と、過去のことを蒸し返して責めてしまいがち。そんなときは、「どうしたら、私の意見を聞いてくれるのか教えてくれる？」と未来形で聞いてみよう。お互いの心を開くキーワードになるよ！

過去　なんでできないの？

↓

未来　どうしたら
できるようになる？

コラム　どうしたら心が満たされるの？

なんだか心が満たされない、モヤモヤしてしまう……そんなときには、ひとつ覚えておいてほしいことがあるよ。それは、「人は誰かのために生きていると感じるときに心が満たされる」ということ。

たとえば、席をゆずる、道のごみを拾う（これも大切な誰かのため、地球のため）、おかあさんのお手伝いをする、自分でできることは自分でする……。こんな小さなことで十分。

勉強をがんばるのも、いい大学に入るためだけじゃなくて、「いつか社会に出たときに、誰かを幸せにする仕事につけるようにがんばるんだ！」って思うと、とっても心が満たされるもの。

私たちは、決してひとりで生きているわけではなくて、支え合って生きている。だから、できる人ができることをサポートするってことが大切なんだ。
こんな考え方をすると、心が満たされていくんじゃないかな。

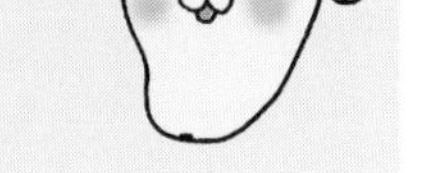

体 めぐる体づくりをしよう！

月経トラブルに負けない健康な体をつくるには、体の中を流れている血液やリンパなどの循環がいい「めぐる体」になることが大切。ここでは、めぐる体づくりに効果的な方法を紹介するよ。

1日の疲れはバスタイムで流そう

ぬるめのおふろ（39℃くらい）に15分くらいゆっくり入ろう。新陳代謝が高まってめぐりのいい体になるよ。その日の気分に合った入浴剤を入れれば、今日あったイヤなこともスッキリとリフレッシュできそう。「忙しくてシャワーだけ」よりも、ゆっくりお風呂であたたまってリラックスしたほうが、いい睡眠をとれそう。

骨盤まわりの血行を良くして生理痛とサヨナラ

その1 フラフープで子宮をあたためる

子宮など下半身をあたためて血行をよくしてくれるフラフープはおすすめ！　無理のない程度にまわしてみよう。

その2 骨盤フリフリ運動

1

肩幅くらいに両足をひらき、少しだけひざを曲げる。手は腰に。

2

骨盤を前後に 10 回ふる。

3

骨盤を左右に 10 回ふる。

4

骨盤を時計回りに 10 回まわす。

5

慣れてきたら、歯磨きをしながら、テレビを見ながらするのもおすすめ！

肩甲骨《けんこうこつ》ストレッチで上半身のめぐりをアップ！

上半身の肩甲骨は、比較的大きな筋肉。そこで、肩甲骨を動かして、体全体のめぐりをよくしよう！

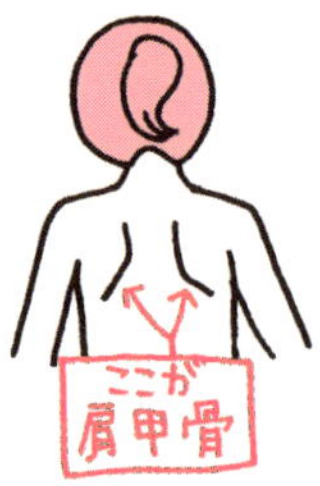

1

両手を前で組んで、ぐーーっと前にひっぱろう。肩甲骨がひらくよ。

2

次に、思い切り両腕を後ろにひいて胸をはろう。肩甲骨がとじるよ。①と②を 10 回くり返そう。

モデルウォーキングで健康的にダイエット！

モデルさんの歩き方を真似してみよう。筋肉がついたり、脂肪が燃えやすくなったりして、美しくやせられるよ。

あるといいもの

両足の裏がきちんと地面にフィットする靴

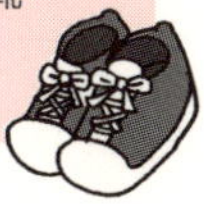

基本姿勢

まっすぐ頭のてっぺんを糸で引っ張られているようなイメージに

視線はまっすぐ前を見る

胸をはる（大きく息を吸った時の状態）

肩の力（上半身）を抜いてリラックス

お腹とおしりは、きゅっとへこませるようなイメージで

歩くときのポイント

- 骨盤から足を出して、足を遠くに運ぶようなイメージで。
- 出した足の膝を伸ばし、つま先をまっすぐ前に向けるように。
- 着地はかかとから。
- 太ももの内側に意識を集中させ、中心の軸を保ったまま歩く。

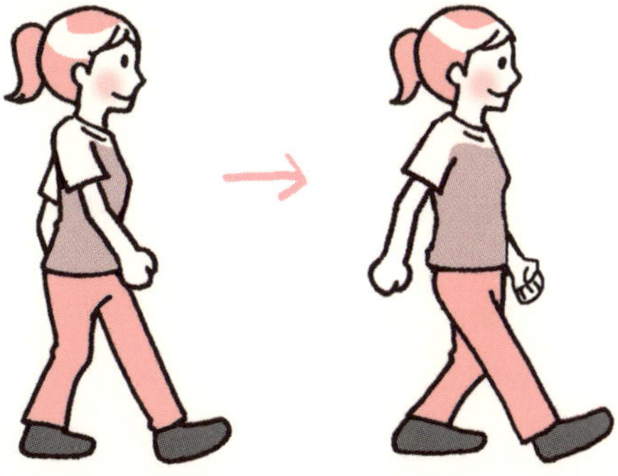

リフレクソロジー的マッサージ法

リフレクソロジーとは、手足の「ゾーン」と言われる部分を刺激する、古代エジプト時代から行われていた健康法。効果がすぐ出るといわれているよ。

月経が楽になるゾーン

月経トラブルに効くと言われているゾーンを紹介するよ。

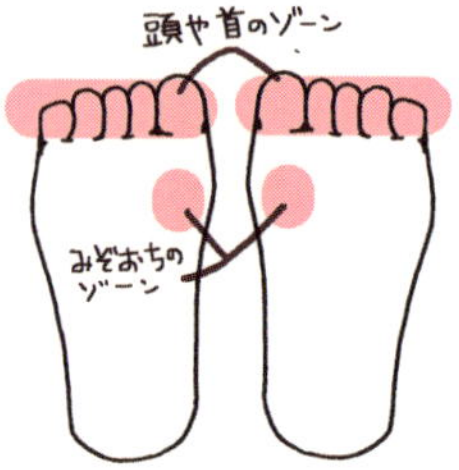

頭や首のゾーン
みぞおちのゾーン

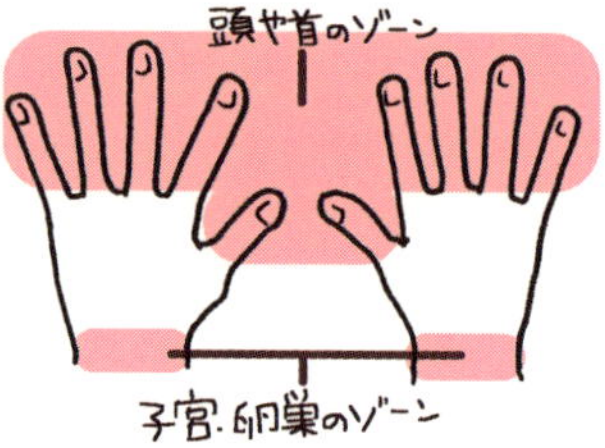

頭や首のゾーン
子宮.卵巣のゾーン

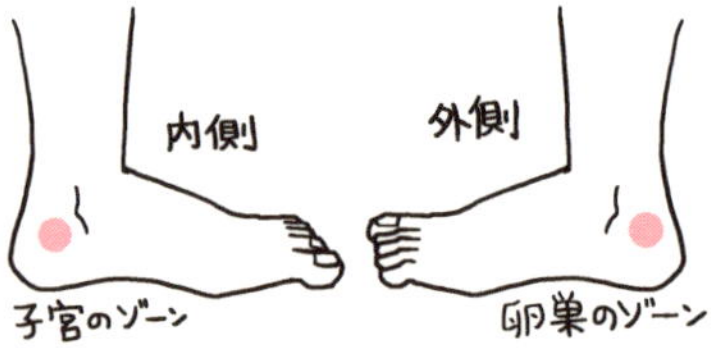

内側
外側
子宮のゾーン
卵巣のゾーン

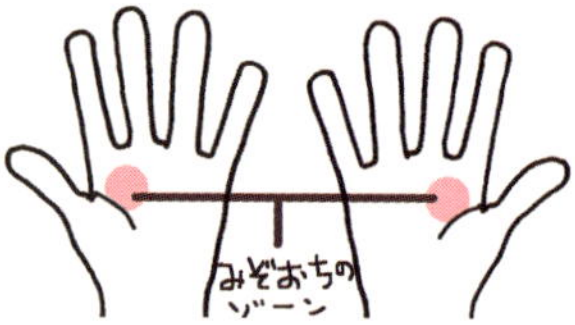

みぞおちのゾーン

不快な症状や月経痛に悩まされているなら

足のゾーンのマッサージ

1 卵巣、子宮ゾーンを手の指の腹で押しながら、イタキモチイイくらい刺激しよう。

2 ①の部分をマッサージしながら、足首をゆっくり回転させてストレッチ。

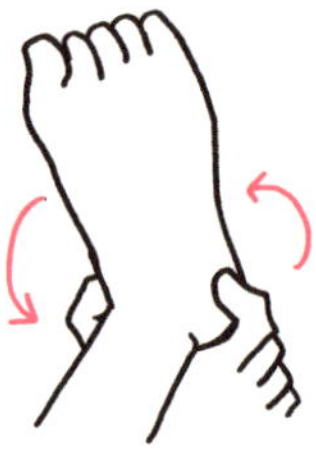

手のゾーンのマッサージ

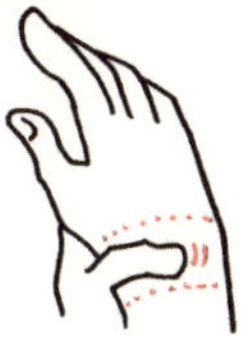

子宮・卵巣ゾーンを反対の親指でなぞるように刺激。イタキモチイイぐらいの強さで。休み時間やテレビを見ながらでも。

月経時にリフレッシュしたいなら

両足の指（頭や首のゾーン）と、両手の指先をマッサージ。イタキモチイイ程度に刺激すると、リフレッシュ＆リラックスできるよ。

不安感、緊張をほぐしリラックスしたいなら

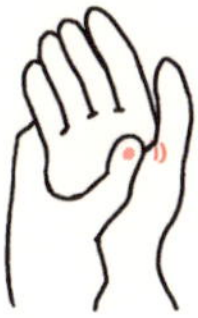

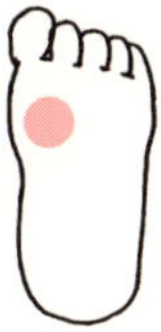

手と足裏のみぞおちのゾーンを刺激。心地よくなるのでいい睡眠がとれそう。

足のうらゴロゴロ

昔、よくあった健康法のひとつは、素足で竹を踏む“青竹ふみ”。足の裏を刺激することで血行がよくなるものだけど、青竹の代わりに、裸足になって足の裏でゴルフボールをゴロゴロ転がすのもおすすめ。
手の場合は、両手の指を組み、中にゴルフボールを入れて転がそう。

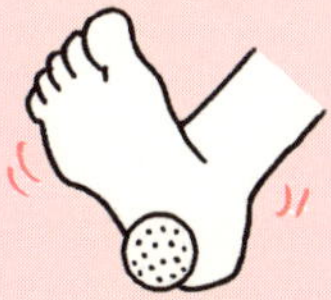

女の子の疑問
これってどういうこと？

Q. そもそもなんで月経があるの？

A. 私たち人間には、勉強をしたり仕事をしたりといった社会生活上の役割がありますが、生物上の役割として「生殖」という役割があります。赤ちゃんを産める体である女性がいて、初めて命のバトンをつなぐことができるのです。月経がなければ、命を生み出すことができません。

人間が絶滅せずに命をつないでいるのは、月経のおかげなのです。

Q. 月経があるのは人間だけ？

A. 動物（ほ乳類）は、交尾のときに排卵が行われ、受精しないと子宮内膜も育たないので、出血がみられないようです。ただ、サルには月経があります（犬などにも一部出血が見られますが、月経ではなく妊娠が可能なサインのようなもの）。

動物は発情期と妊娠する時期が重なりますが、人間は発情期が決まっていないので、妊娠する時期も定まっていません。きっと季節や外敵などを問わずに出産や育児ができるような状態だからかもしれませんね。月経周期を知り、避妊の方法を知ることで出産のコントロールができることも、人間だからこそできる選択なのですね。

Q. 男の子にも月経みたいな変化はあるの？

A. 男の子も思春期を迎えると「精通《せいつう》」といって、精子を体の外に出すことができるようになります。ただ、女の子のように定期的に起こるものではありません。

男の子は、男性ホルモンが増えると「性欲」がとても強くなり、自分自身でその性をコントロールするために必要な、マスターベーションを行うことが多くなってきます。これは悪いことではなく、自然な出来事。

また、性的な興奮をすると、勃起《ぼっき》といってペニスがたってしまうこともあります。

自分の性をコントロールするために、男の子も女の子と同様、大変な体と心の変化を受け入れているということですね。

Q. どうして女の子は体を冷やしちゃいけないの？

A. 「冷え」は万病の元とも言うように、冷えると「血行」が悪くなり、月経不順、肩こり、腰痛などが起こります。また、「代謝」も低下し、むくみやすくなったり、太りやすくなったりするほか、「自己免疫力」も落ちて、元の体に戻ろうとする力が働かなくなるので、かぜもひきやすくなります。

男の子も冷えには気をつけたほうがいいのですが、男の子の場合には女の子よりも「筋肉」があるので、冷えになりづらいといわれています。

とくに、月経が始まってからの女の子は、冷えからくる血行不良で月経トラブルになることも。自分をいたわる生活を意識しましょう。

Q. 子宮を大切にしないとどうなる？

A. たとえば月経不順を自覚しながら、体を冷やしたり、夜ふかしをしたり、栄養のかたよった食事ばかりするなど健康に悪い生活をしていると、そのまま月経不順が続き、女性として成長していく時期に、女性ホルモンがアンバランスになってしまうことがあります。

無理なダイエットで月経が止まってしまい、何ヵ月も放置してしまうと、月経が起きるようになるための内服治療が長引くケースもあります。子宮のトラブルは体全体にダメージを引き起こすので、気をつけましょう。

2章

みんな、生理のことで悩んでる！！

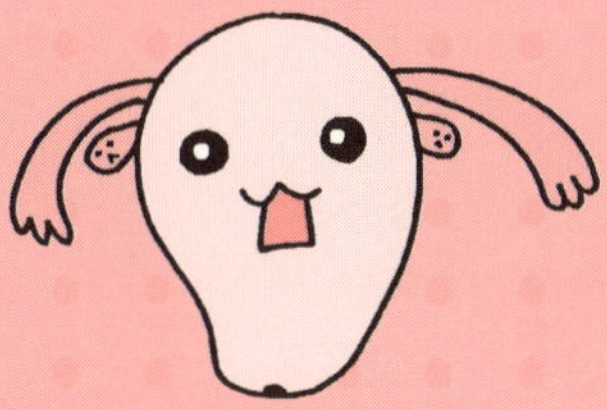

「おなかが痛い」「イライラする」など、生理トラブルで悩んでいない？　それは、子宮からのＳＯＳでもあるよ。ここでは、起こりやすいトラブルから対処法まで一気に紹介。自分の体の声を聴いてみてね。

月経のトラブルは子宮からのＳＯＳ！？

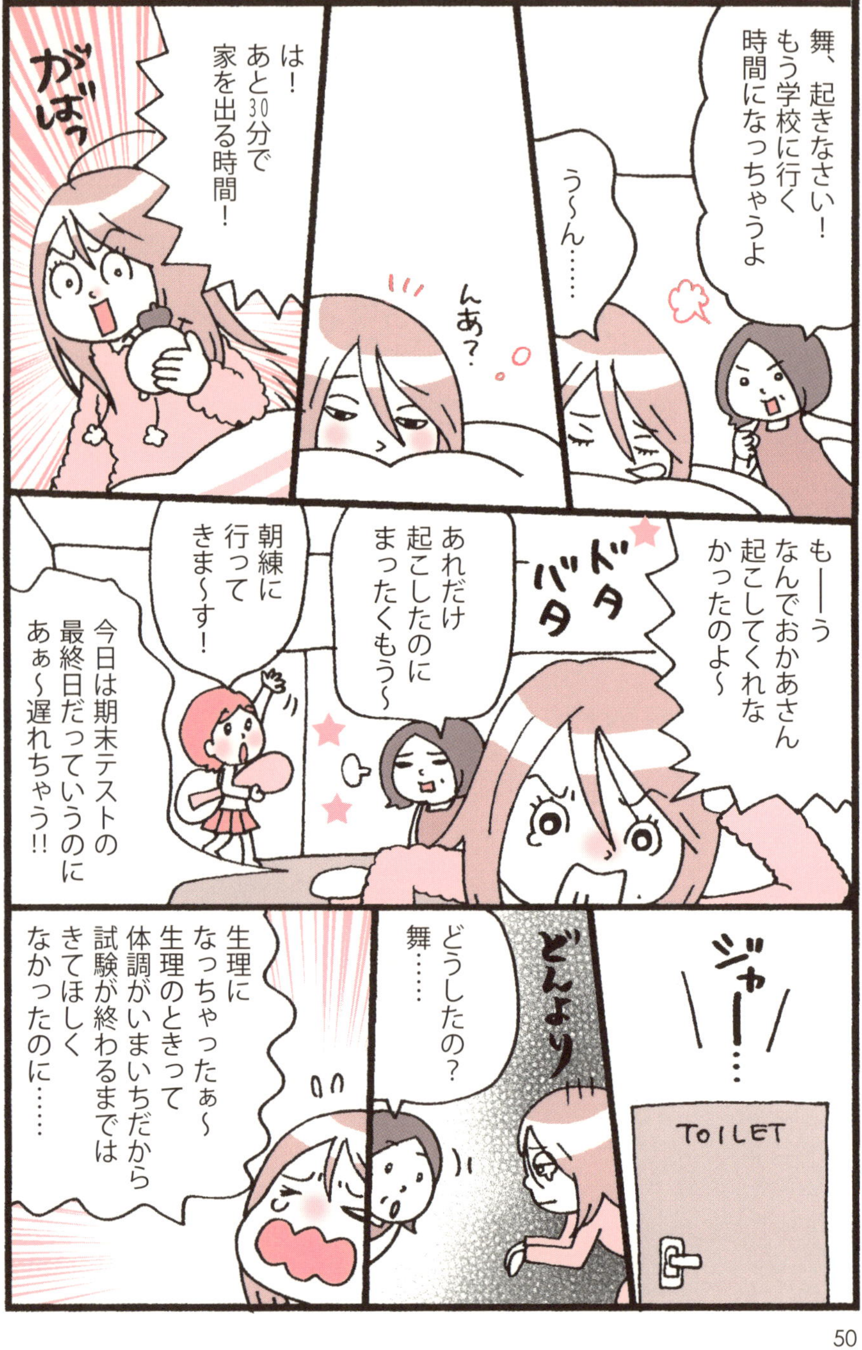

ショック！あぁ～パンツはきかえなきゃ……
テスト勉強で遅くまで起きてたから寝不足だし生理特有のだるさでなんかフラフラする……
ご飯もあんまり食べたくないし……
ブオー
寝坊してもオシャレだけはするのね～
ドタ
ドタ
おかあさん～ご飯いらないいや！間に合わないから
あ！こら～もう……
生理の日の自転車ってなんかやな感じ
も～ぅ～
いや！いや！いや!!
ムキー!!
高等学校
試験

なんだか眠くなってきた……
うとうと…
私を大事にしてないから自分がつらいのよ～
きゃ～!!
こら！寝ぼけるな～試験中だぞ！
ハッ
す……すみません
アハハハ
やっと終わった～！
今日は打ち上げカラオケいこー！
カラオケBOX ウタウタ
今日さー生理なんだよねなんかブルー

腰は重いし 体中がだるくて いつもの 調子がでない……
そうなんだ～ うちのお姉ちゃんは 生理痛がひどくて 吐いたこともあって 病院に行ってたよ 今はよくなってる みたいだけど…… 舞もつらそうね
とくにさぁ―― 今日はサイアクだよ～ 変な生き物が見えたし
？？
あっ なんでもない
人と比べることは ないんだけど 私って背が 小さいからか 生理がくるのが 遅かったんだ
今も2カ月に1度しか こないときもあれば 1カ月に2回くるときもあったり して不安……
私は生理の前ってイライラしたり ニキビが出たりしちゃう 甘いものが 食べたくなったり チョー眠くなったり するよ
あと、ひどくおなかが痛く なることもあって 鎮痛剤が 手放せないんだ……

なんかさぁ〜
みんないろいろ
悩んでいるんだね
友よ……
でも、こうやって
体の話をすることなんて
なかなかないから
たまにはいいね！
いいね♪
あと、どうやったら
ダイエットできるか
とかも聞きたいなぁ〜
本当だね！
痩《や》せたい！
痩せたい！
でも甘いものも
だーーいすき
ま、一曲歌おうぜ！
ワイワイ
イェーイ♫
舞〜！
おかあさん
ちょっと仕事で
遅くなるって
一緒にご飯つくろー

う〜ん なんだか今日は だるくて なんにも やる気にならない だから 愛ねえ、ごめん 休んでていい？
ずるー
いいけど どうしたの？
今日さー 生理に なっちゃって いつもより体が だるいんだ なんか調子くるう
あうー
そっか、ここんとこ テストで徹夜続き だったしね
それに、そんな短い ズボンだと体も冷え冷えで 体がSOSを 出してるんじゃないの？
へ？？ そうなの？
別にこんなの いつもじゃん オシャレは レディーの 身だしなみだし……
でもね 舞の体はどんどん 大人の女性に 向かってるでしょ
それにともなって 女性ホルモンの分泌も 増えてくるから あんまりむちゃすると 体にも影響して 響くんだよ
とはいう私も よく徹夜は しちゃうけどさ(笑)
でも、休むときは休んで 体を大切にすることを しなくっちゃね♪
今日は 体があったまって 元気になる 晩ごはんにしよ〜

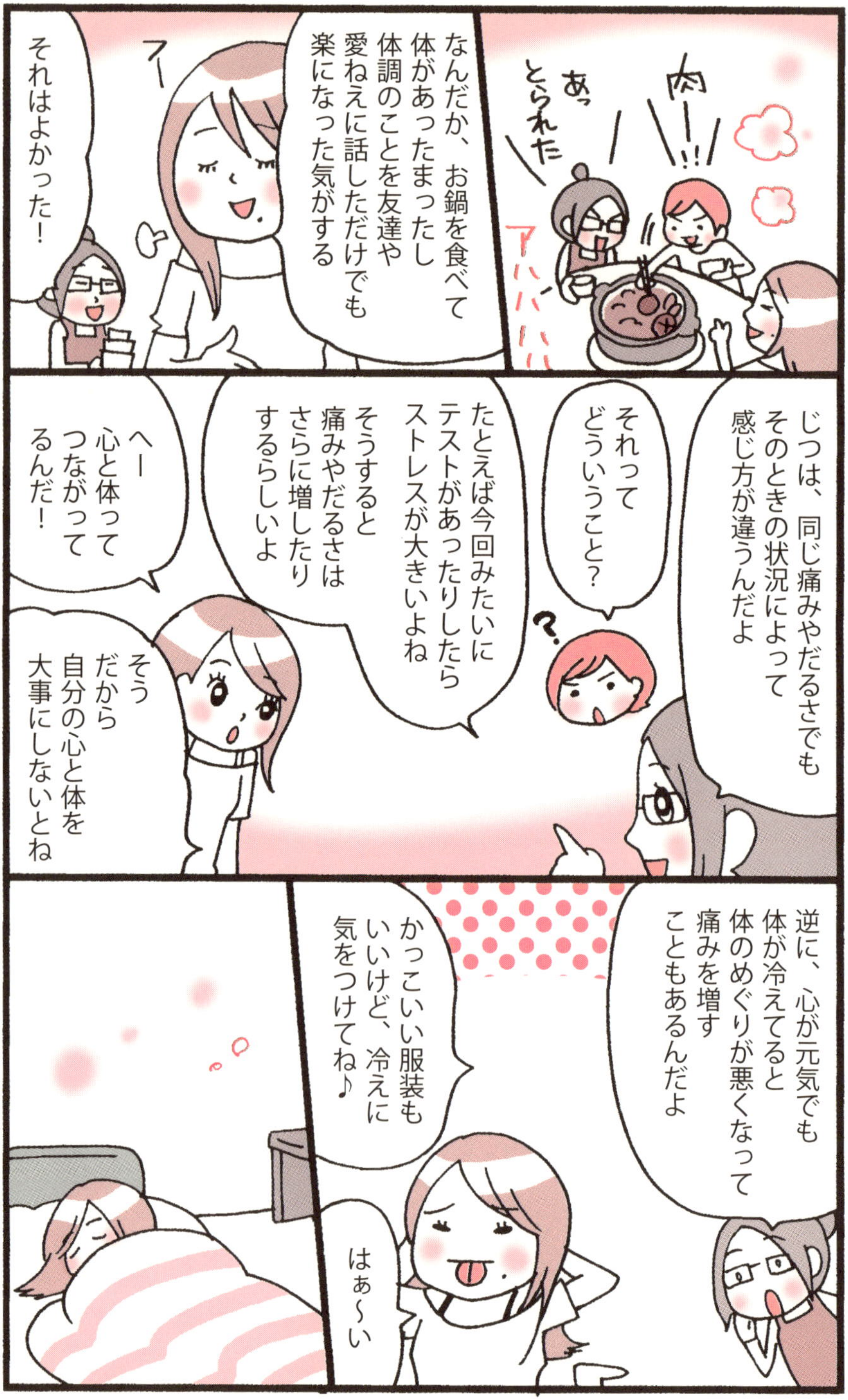
肉
あっ
とられた
アハハハハ
なんだか、お鍋を食べて体があったまったし体調のことを友達や愛ねえに話しただけでも楽になった気がする
フー
それはよかった!
じつは、同じ痛みやだるさでもそのときの状況によって感じ方が違うんだよ
それってどういうこと?
たとえば今回みたいにテストがあったりしたらストレスが大きいよね
そうすると痛みやだるさはさらに増したりするらしいよ
へー心と体ってつながってるんだ!
そうだから自分の心と体を大事にしないとね
逆に、心が元気でも体が冷えてると体のめぐりが悪くなって痛みを増すこともあるんだよ
かっこいい服装もいいけど、冷えに気をつけてね♪
はぁ~い

愛ねえが寝るときに
おなかを温めると
いいよって
小さな湯たんぽを
作ってくれた
太ももなどの大きい筋肉が
あるところに
小さめの湯たんぽを
置くと
体が早く温まるんだって
たしかに
ぬくぬくして
いい気持ち
ピロリロリン
ん？
今日はカラオケと
女子トーク
楽しかったね♪
ゆう子から
メールだ…
じつはさ、さっきおかあさんに
「生理はきてるの？」って聞かれて
「うん、きてるよ」って
答えちゃったんだけど
いつくるかわからない感じで
全然リズムが定まってないの。
なんかさぁ、急に不安になっちゃった
ピコピコ
そうか、心配だね
私はさっき
お姉ちゃんに相談したら
ちょっと気持ちが
ラクになったよ
お姉ちゃんナースの卵だから
いろんな相談にのってくれて
本当に心強いよ
ピロリン♪
いいなぁ～
うちはお兄ちゃんと
弟だから相談なんて
できないからな……
舞のお姉ちゃんに
相談したいな……
ピコピコ
じゃー今度
お姉ちゃんが休みのときに
悩みを相談する
「お茶 de 女子会」しようか！
ピロリン♪
本当？　うれしい！
ナースの卵さんって
いうのが心強い！
頼れるみんなの
お姉さまだね♪
また月曜日に学校でね♪

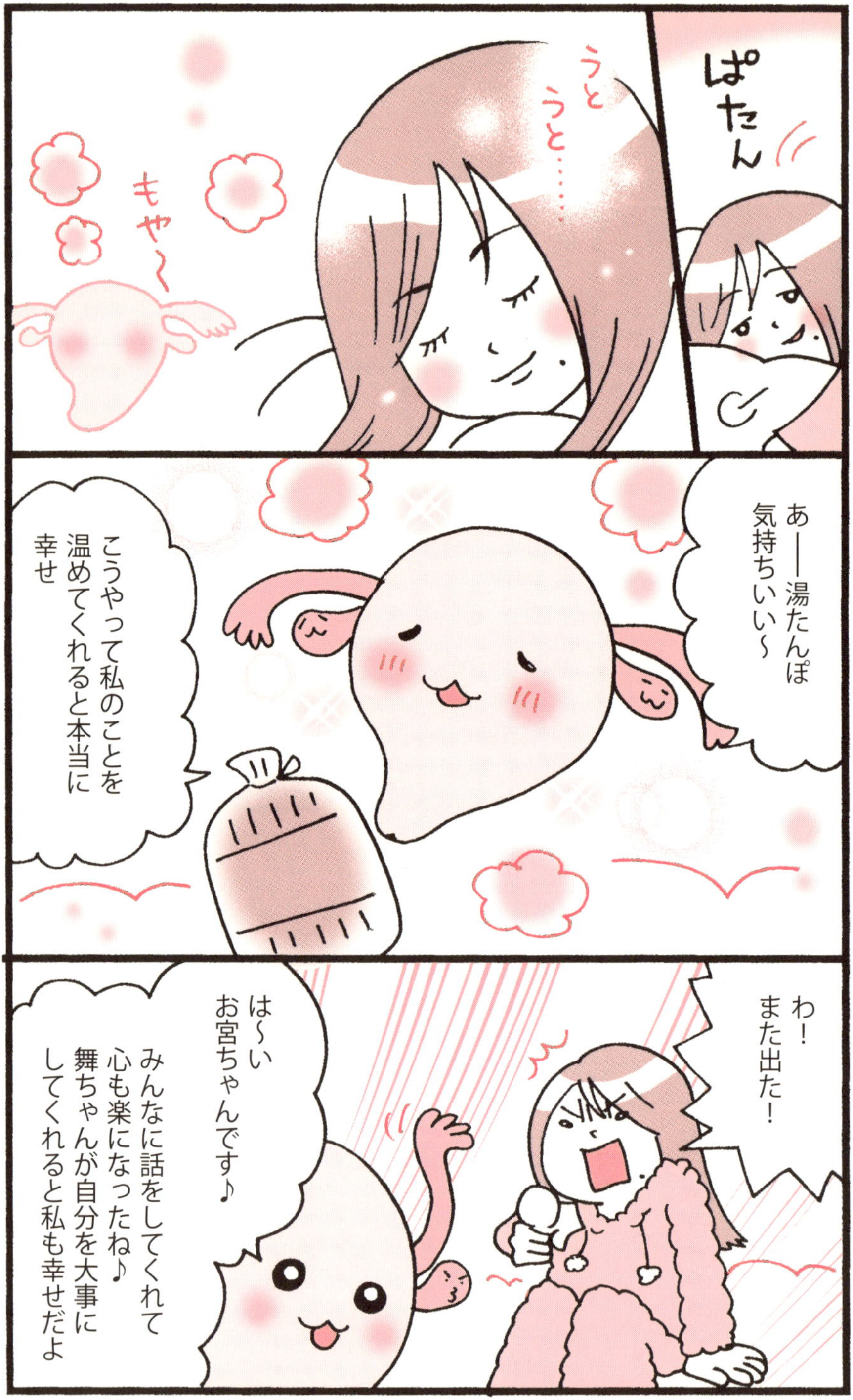
ぱたん
うとうと……
もや〜
あ――湯たんぽ気持ちいい〜
こうやって私のことを温めてくれると本当に幸せ
わ！また出た！
は〜いお宮ちゃんです♪
みんなに話をしてくれて心も楽になったね♪舞ちゃんが自分を大事にしてくれると私も幸せだよ

女を磨くのは外側のおしゃれだけではないぞ〜
こうして体の内側の健康に気をつけることこそ一番の女磨きなんだよ〜
にゅっ
またへんてこりんな夢を見た……
がしがし
でも、お宮ちゃん幸せそうだったなぁ〜
ってことは私の体も幸せってことなのかな
よくわかんないけどなんかいい気分♪

体にやさしくなると幸せオーラが出る！？

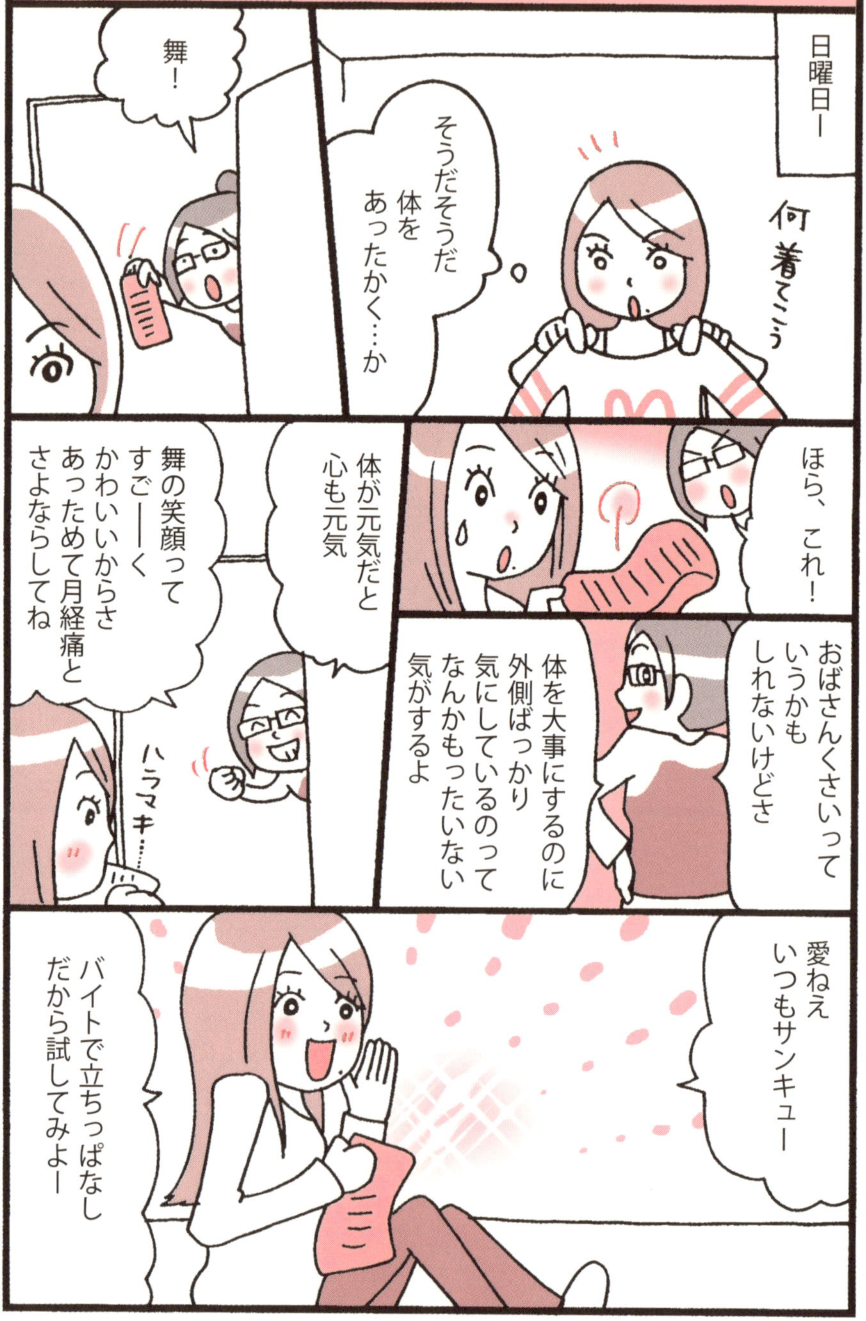
日曜日ー
何着てこう
そうだそうだ 体をあったかく…か
舞！
ほら、これ！
おばさんくさいっていうかもしれないけどさ
体を大事にするのに外側ばっかり気にしているのってなんかもったいない気がするよ
体が元気だと心も元気
舞の笑顔ってすごーーくかわいいからさ あったためて月経痛とさよならしてね
ハラマキ……
愛ねえ いつもサンキュー
バイトで立ちっぱなしだから試してみよー

いつもは「おばさんくさくってもこもこしてサイアク―」とか言っちゃうけど今日はなんだか素直に聞けた
昨日の湯たんぽのおかげかぐっすり眠っててすっきりしてるんだよね～
よっ
舞ちゃんおはよ～今日はなんかいつもとちがうね
先輩！
あ、ちょっとイメチェン
たまには清楚《せいそ》系で（笑）
いろんなおしゃれを楽しめてかわいいね
そんなこと言われたらますます好きになっちゃう～

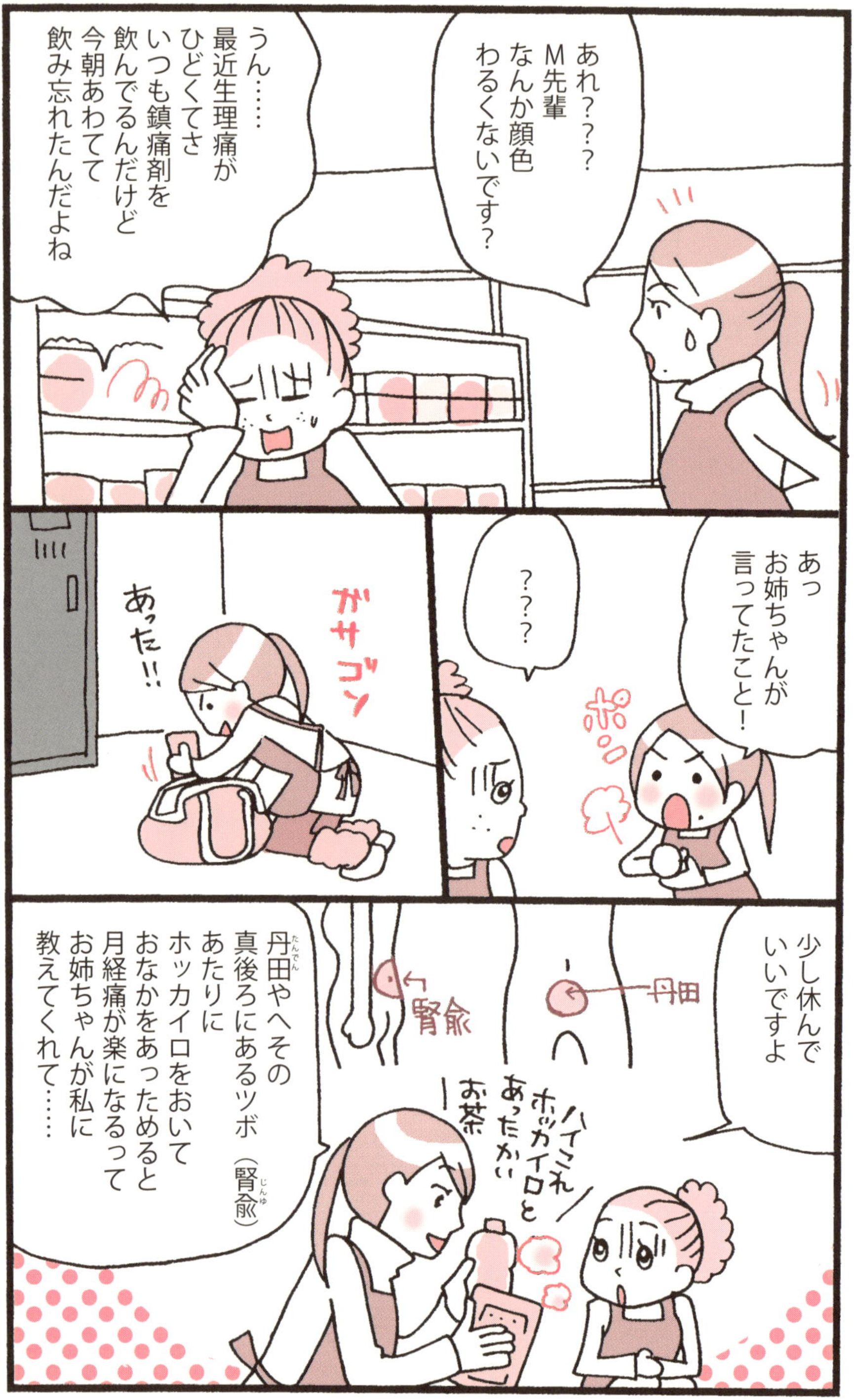
あれ？？？
M先輩
なんか顔色
わるくないです？
うん……
最近生理痛が
ひどくてさ
いつも鎮痛剤を
飲んでるんだけど
今朝あわてて
飲み忘れたんだよね
あっ
お姉ちゃんが
言ってたこと！
ポンッ
？？？
ガサゴソ
あった!!
少し休んで
いいですよ
丹田
腎兪
ハイこれ
ホッカイロと
あったかい
お茶
丹田《たんでん》やへその
真後ろにあるツボ（腎兪《じんゆ》）
あたりに
ホッカイロをおいて
おなかをあったためると
月経痛が楽になるって
お姉ちゃんが私に
教えてくれて……

じつは私も今日生理だけど
結構楽なんです
腹巻してみました
おつかれさま～
薬局で
薬を買って帰るね
舞ちゃんが
あったかいお茶をくれて
あったまったから
ちょっと楽になったの
ほんと助かった！
ありがと～
おつかれ！
ねぇ舞ちゃん
これからひま？
一緒に
ランチをして
帰ろうよ

COFFEE
うわ〜
やっぱいい！
高校は共学だけど
同じ年の男子よりも
大人の雰囲気の
先輩ってステキ！
彼女がいたら
ランチ誘わないよね…
脈ありってこと？？
私も最近同級生の彼氏と
なんとなくケンカをして
別れちゃったから
うふふふふ
それからは
土日のバイトで
お昼上がりのときに
たまにランチに
誘われるように……
ズピー
先輩はどんな気持ちで
舞を誘って
いるんだろう……
先輩はたまに
ランチに誘って
くれるけど
彼女とか心配したり
しないんですか？

あ、俺は今フリーなんだよ 舞ちゃんと一緒にいるときさ楽しくてね
舞ちゃんかわいいもんね そばにいるのがラッキーな感じ
今日も付き合ってくれてありがとな！
ふ～ん…… まだ、好きとかそういう感じではないのねー
あっ それじゃ伝わんないか
俺、舞ちゃんのこと好きだよ
付き合ってもいいなって思ってるけど 舞ちゃんはどう？
え？ え？
あんまり突然だからびっくりです
私も先輩には憧れていたので…… うれしいです
それってＯＫってこと？
あ…… 私も今フリーだから でも、まだなんていうか…… 付き合うっていうのはまだ……

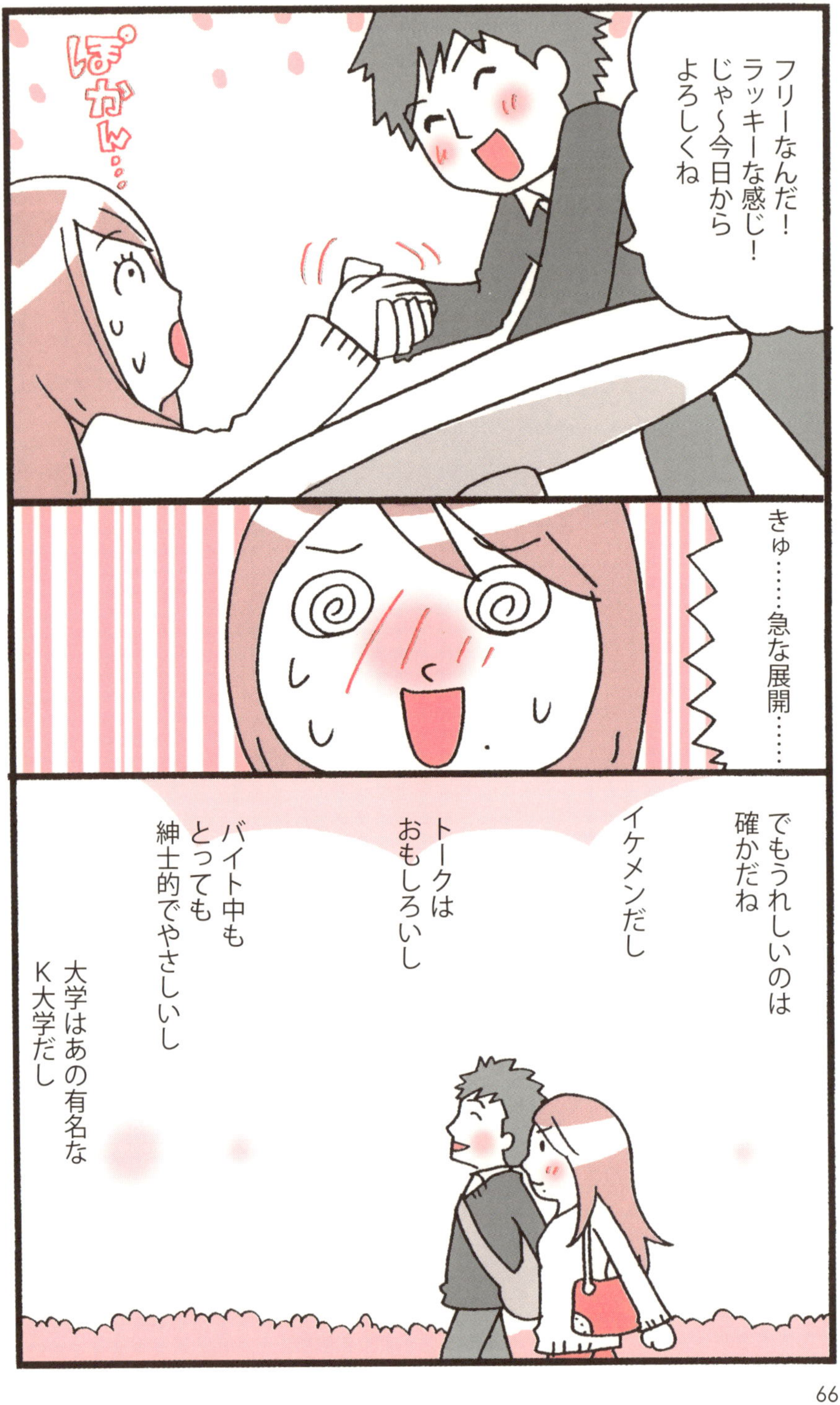
フリーなんだ！
ラッキーな感じ！
じゃ～今日から
よろしくね
ぽかん…
きゅ……急な展開……
でもうれしいのは
確かだね
イケメンだし
トークは
おもしろいし
バイト中も
とっても
紳士的でやさしいし
大学はあの有名な
K大学だし

俺、結構まめだからメールバンバンするけどびっくりしないでね
へーー人は見かけによらないんですね
どんな見かけ??
アハハ
うーん
落ち着いてるからあんまりメール好きじゃなさそう
じゃーお祝いをかねて映画でも行こうか

月経を通して自分を知ろう！

お茶de女子会
ワイワイ
あっ！よかったら今、おいしいお茶入れるからジュースはあけないで
最近寒くなってきたから冷えないようにあったかい飲み物を入れるよ
おねーちゃんさっそく「体を大事に節《ふし》」がはじまった（笑）
だって大事なことよ
私も高校生までは体のことなんて考えたことなくて無理ばかりしてたからいつも月経が大変だったんだ
まぁ～今日は愛ねえの話を聞きましょう！
アハハハ
お姉ちゃんたち集まってなにしているの？
ひょこっ

ちょうどいいところにきたね！ねぇ～未唯はいつから生理がきた？？
ななな、なんで突然そんな話になるの？？
今日は高校生女子の生理についてのトーク会 なんかさ、なかなか話しづらいこともみんなでぶっちゃけて話すといろんなことがわかるし
そっか……あんまり考えたことなかったな
私もちょうど婦人科の勉強をしたばかりだからさ みんなに話すと復習になると思っていてね！
お茶～
ふーーん 私も付き合おうかな…
本当は聞きたくてしょうがないでしょ？お姉さまたちの世界
あ、あ、あ……そんなことはない、ない
ずいっ

ちょっと恥ずかしい気もするけど……話にまぜて～
つめてつめて
恥ずかしいって気持ちも当たり前のこと自然なことと思えばいいよね
なによりも大切なことは月経を前向きにとらえる気持ち
それに月経の知識がない人よりある人のほうが痛みも少ないみたい知ることで安心して痛みがやわらぐこともあるんだよ
じゃあ、私もお姉ちゃんたちの話を聞いて予備知識が増えたら生理痛が軽くなるかもしれない？
それっていいね！いいね！いろいろ聞かせて！
じゃあ女子トークの前に月経トラブルチェック！
左ページの項目に1つでも当てはまることがあれば何かしらのトラブルを抱えている可能性があるよ
GO！

□月経周期が６日以上ずれている
□月経のたびに痛みがひどくなっている
□日常生活に支障が出るくらいの生理痛があり
毎回鎮痛剤を服用している
□月経が１週間以上続く
□月経が２日以内で終わってしまう
□経血（月経のときにおりものと一緒に排出される血液）量が多く、
レバーのような血のかたまりが出ることがある
□経血量がとても少ない
□月経以外にも出血することがある
□月経が３カ月以上きていない
□月経の数日前からさまざまな不快症状があるが、月経が始まるとなくなる（生理前にイライラする、生理のとき以外に下腹部や腰に痛みを感じるなど）
□月経中も不快な症状がある（精神的に不安定、頭痛や吐き気があるなど）

※気になることがあるときは、大人の人（たとえば、養護の先生や産婦人科の先生）に相談してみてください

私、当てはまる！
月経の周期が乱れてるんだ 2カ月に1回だったり
あのね、私 生理がきたのが高校1年生で まだ最近なの…… だからなのかな
でも病院に行くのは怖いし おかあさんには心配かけたくないし……
そうか それは心配になっちゃうね

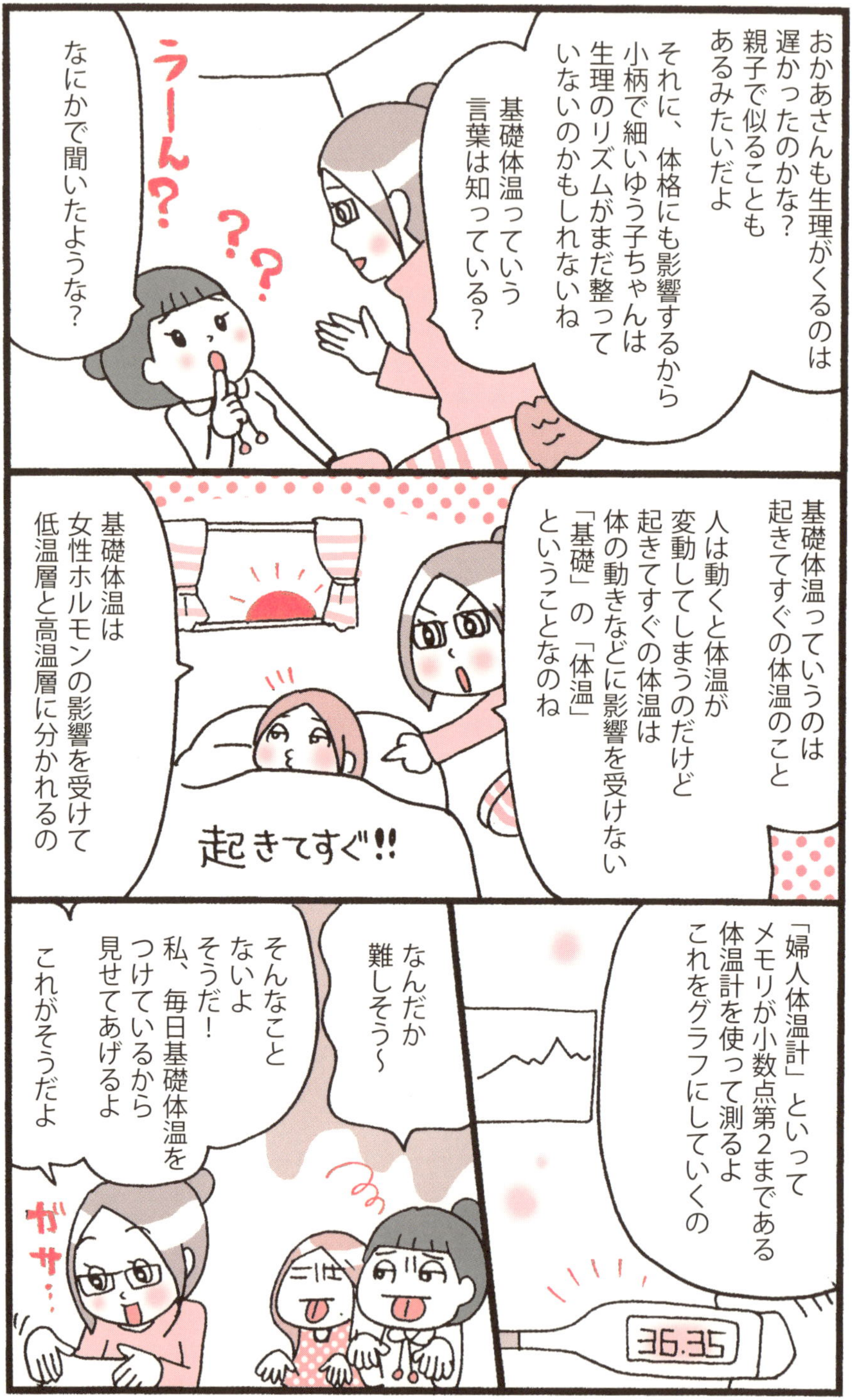
おかあさんも生理がくるのは遅かったのかな？親子で似ることもあるみたいだよ
それに、体格にも影響するから小柄で細いゆう子ちゃんは生理のリズムがまだ整っていないのかもしれないね
基礎体温っていう言葉は知っている？
うーん？
なにかで聞いたような？
基礎体温っていうのは起きてすぐの体温のこと
人は動くと体温が変動してしまうのだけど起きてすぐの体温は体の動きなどに影響を受けない「基礎」の「体温」ということなのね
起きてすぐ!!
基礎体温は女性ホルモンの影響を受けて低温層と高温層に分かれるの
「婦人体温計」といってメモリが小数点第2まである体温計を使って測るよ
これをグラフにしていくの
36.35
なんだか難しそう～
そんなことないよ
そうだ！私、毎日基礎体温をつけているから見せてあげるよ
これがそうだよ
ガサ…

基礎体温のグラフ

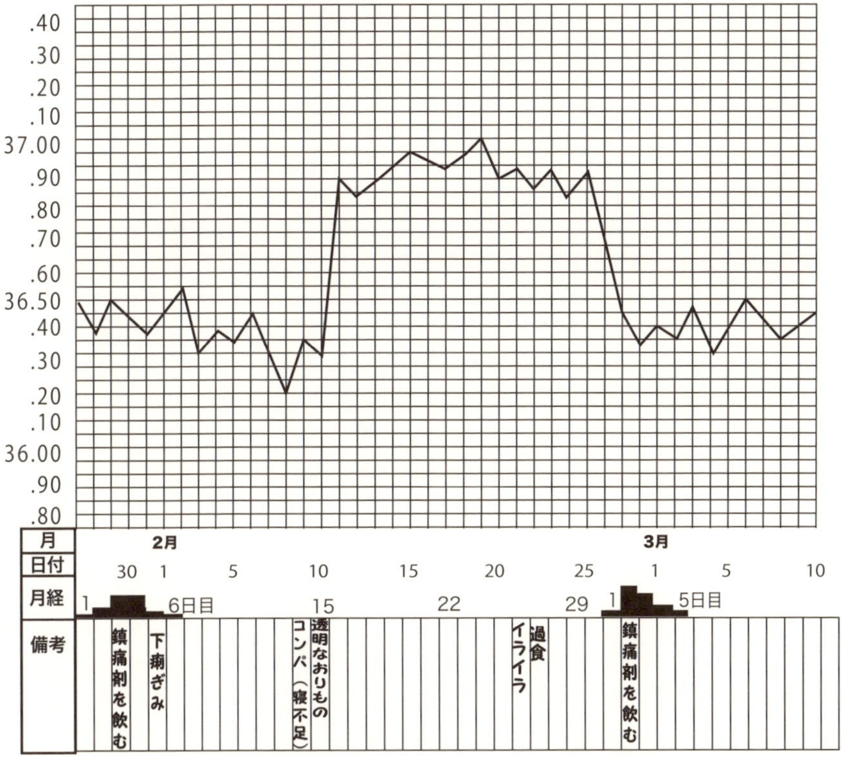

.40
.30
.20
.10
37.00
.90
.80
.70
.60
36.50
.40
.30
.20
.10
36.00
.90
.80
月
日付
月経
備考
2月
30
1
5
10
15
20
25
3月
1
5
10
1
6日目
15
22
29
1
5日目
鎮痛剤を飲む
下痢ぎみ
透明なおりもの
コンパ（寝不足）
過食
イライラ
鎮痛剤を飲む

ちゃんと排卵があると
月経開始日から排卵までは低温が
続き、排卵後は高温が続くよ
この記録を見ると、
2月10日～11日にかけて体温が
上がっているから
このあたりで排卵ってことに
なるね
そして月経が始まる
2月26日に
体温が下がったのが
わかるかな？
これを目安として
月経がいつくるか、
いつごろ排卵しているかが
わかるようになるよ

へ―――知らなかった
習ったかも しれないけど そのときには興味が なかったのかも(笑)
ゆう子ちゃん よかったら基礎体温を 毎朝測ってみたら? そしてね 心配なことがあったら ぜひおかあさんに相談してみて 恥ずかしいことでは なくて大事なことだから
もじもじ
でも……
そもそも月経って なんで起こっているか? その部分からきちんと伝えたほうが よさそうね〜
うりゃ!!
将来赤ちゃんが 産めるように なるための準備だよね たしか保健体育で 習ったような……
うん。正解
そしてね 女性の体の健康のため にも必要なんだよ
女性らしく美しく イキイキと輝くために 月経を起こす 女性ホルモンたちが しっかりと働いてくれて 私たちは大人の女性へと 成長していくんだよ
昔は16歳とかで 子どもを産んでたのを 知ってる?
NO!!
ひ―― ありえない――

うふふ
無理もないリアクションだね
昔だったら私は行き遅れ（笑）
昔は月経が始まった数年後に結婚、出産……
ひとりの女性が産む子どもの数も4～5人は当たり前で10人くらい子どもがいる人もいたよ
いつも妊娠や授乳をしている状態だったから月経になる回数も必然的に少なかったんだ
う～ん
生理になる回数が少ないのはちょっとうらやましいけどいつも妊娠かおっぱいをあげてるっていうのもなぁ～
今の女性の初婚年齢は28.8歳（平成22年厚生労働省調べ）平成に入って3歳も結婚年齢が上昇したんだって
どーん
そうなんだ……
28歳を過ぎてから結婚して出産しかも女性が一生のうちに生む子どもの数が1.39人
そうなると、月経の回数は昔と比べてどうかしら？
多くなる！
ハーイ!!

その通り
今の人は月経の回数も多くなった分昔より明らかに月経によるトラブルが増えてきているんだよ
過労ですー!!
基礎体温計と体温表は薬局で簡単に手に入るから2~3カ月つけてみてから婦人科に行くのをおすすめするよ
思春期外来《ししゅんきがいらい》といって思春期のころの女の子を対象としている病院もあるから調べてみて♪
ありがとう!
悩むよりもまずは基礎体温を測ってみるね
よーし
ゆう子ちゃんの場合は※無排卵性月経《むはいらんせいげっけい》というものかもしれないな
ホルモンバランスが整えば自然とよくなるからあせらず自分の体を大切にしてね
みほちゃん
私は生理はちゃんとくるけどたまに生理と生理の真ん中くらいの日に少しだけ出血することがあるの
これはなに?病気??

※無排卵性月経…月経時に排卵が起きない症状のこと。
原因は主に、ストレスや過激なダイエットなどが考えられる。

もしかすると、排卵時出血《はいらんじしゅっけつ》（P83）というものかも
排卵するときにごく少量の出血がみられる人がたまにいるんだって出血のあった日を手帳などに記録しておくといいよ
低温層から高温層に上がるときが排卵の時期だからそのあたりで出血していたら排卵時出血という可能性が高くなるね
基礎体温っていろいろなことがわかるんだね
じゃあ、排卵日がわかれば望まぬ妊娠をしないように避妊にも使えるってこと？
うーん それはNOだね！
基本的にいつ排卵が起こったかというのは体温だけで100％知ることはできないんだ
とくに思春期は体温も不安定になりがちだからなおさらだよ避妊には使えなくても自分の体調を知るためにはとてもいいことだよ

そうか
私も基礎体温
つけてみよ～
毎朝、同じ時間ぐらいに測るから、生活リズムも意識的に整っていいね♪
あはは……寝坊するから気をつけよう
多少の時間差は大丈夫だけど、動きまわったあとに測るのはなしね
そういう日はお休みでいいよ
さきちゃん
私も相談していい？
私……生理のトラブルはないけど生理前に異常にイライラしちゃっておにいちゃんと弟にめちゃくちゃ当たっちゃうの
いつもはそんなことないのに……
かと思えば、急に悲しくなって涙が止まらなくなったり……甘いものはたくさん食べたくなるしひどいときは頭も痛くて鎮痛剤を飲んだりしてるの
これはなに？
月経前症候群（PMS）（P83）という症状があるよ
さきちゃんはこれかもね
ビクッ
それって怖い病気？？
そんなことないよ

程度の差こそあれ
ほとんどの女性が
経験しているかも
頭ではわかっていても
抑えられない衝動《しょうどう》
みたいなものが
月経周期の
女性ホルモンの影響で
出てしまうんだね
じつは私も――
同じ同じ！
自己嫌悪《じこけんお》祭り～（笑）
友よっ!!
舞もそうなんだ！
どうにか
よくならないの
かな？
まずはストレスを解消したり
リラックスをしたりして
自分の体を
いたわることが一番だよ
アロマの香りで
心を落ちつけたり
ストレッチを
したりして
ゆっくり過ごしてみて
おっ
やってみる！
ありがとう愛ねえ！
なんだかいろいろ
すっきりしたー！
もっといろんなことを
知りたかったら
いつでも言って
私も予習してくるから！
よ！ 将来の
海外協力隊員は
志《こころざし》がちがうね～
そして、健康美人！
ほめても、
おやつは
増えません
ばれてた
アハハハハ。

こんなにある！　思春期の月経トラブル一覧

「今月は血の量が多い！」「おなかがいた〜い」「なんだかイライラ……」など、月経が始まるといろいろな不調が起こるよ。そこで、月経にまつわるさまざまなトラブルについて解説します。

月経周期のトラブル

一般的な月経周期は 25 〜 38 日以内ですが、月経のサイクルが整っていない思春期は、周期に関するトラブルも多いものです。

頻発《ひんぱつ》月経　月経周期が 24 日以内

一般的な月経周期よりも短く起こる月経のこと。ホルモンバランスが不安定な思春期は、排卵の起こっていない無排卵月経であることも多く、その影響で周期が早まることも。出血が増えて貧血を起こしやすくなることがあります。

稀発《きはつ》月経　月経周期が 39 日以上、3 カ月以内

一般的な月経周期よりも長い周期の月経のこと。原因として、無排卵性月経、卵胞《らんぽう》（卵巣内の卵子が入っている袋）が育つのに時間がかかっていたり、急激なダイエットや体重増などがあげられます。

基礎体温の比較

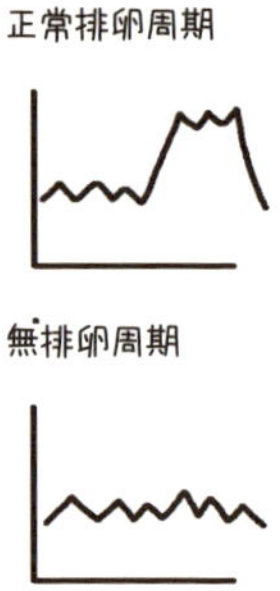

続発性《ぞくはつせい》無月経

今まで順調だった月経が3カ月以上こない状態

体重の増減や、ストレス、激しい運動などが原因になることも。脳からのホルモン調整がうまくいかない場合に起こりやすくなります。

原発性《げんぱつせい》無月経

18 歳を過ぎても初潮が来ない場合

染色体のトラブルや、子宮の奇形、卵巣機能の異常、膣《ちつ》の壁がふさがっているなどが原因として考えられます。

経血《けいけつ》のトラブル

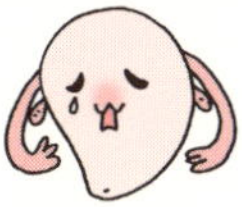

月経のときに排出される出血は「経血」とよばれ、血液だけでなく、粘膜《ねんまく》などの子宮の内膜も含んでいます。経血の状態をよく観察することも大切です。

月経過多《げっけいかた》 経血量が140ml以上で出血量が多い

経血の量が多く、1時間でナプキンを交換しないといけなかったり、血液のかたまりが多く出てしまったりする状態。貧血気味になることも。

一般的な経血の量や月経の日数

経血の量	継続日数
	3～7日
月経を通じて20～140ml（多い日は大さじ2杯。血液成分は50%ほど）	経血の量は2日目が一番多いといわれています

月経過少《げっけいかしょう》 経血の量が20mlより少なく、1～2日で終わる場合

ナプキンが必要ないほど少ない経血量。月経サイクルが整っていない思春期に起こりがちなので、様子をみましょう。自分の体調を知るためにも、いつ月経がきたか、何日続いたかなどを記録しておくのがおすすめ。3ヵ月以上月経がこない場合は専門家に相談を。

月経にともなう体と心のトラブル

月経周期や経血トラブル以外にも、さまざまなトラブルがあります。

月経困難症《げっけいこんなんしょう》 月経中に不快な症状が起こる

腹痛、腰痛、体のだるさ、頭痛など、不快な症状が月経中に起こること。なかでも医療《いりょう》的なサポートが必要なものを「困難症」とよんでいます。個人差があり、毎回寝込むほどひどい月経痛に悩まされる人も。体をあたためると痛みの緩和につながります。不眠、下痢、肩こり、吐き気、むくみ、情緒不安定などの症状もみられます。

機能性月経痛《きのうせいげっけいつう》 子宮が成長段階のために起こる困難症

思春期は子宮全体が未成熟な状態なので、女性ホルモンの影響によって、痛みを感じたりします。また、子宮口がせまいので、月経で子宮が収縮するときに強い痛みを感じることもあります。月経の経験を重ねるうちに解消されていきます。

器質性月経《きしつせいげっけい》痛 子宮のトラブルが原因の困難症

子宮筋腫や子宮内膜症がある場合などに、月経時に痛みを感じるという症状ですが、思春期にはほとんどみられません。

周期性症候群《しゅうきせいしょうこうぐん》（PEMS） 月経前から月経中にかけて心が不安定に

月経前から月経中にかけて心が不安定になってしまう症状のこと。月経時の痛みなどの不快症状からさらに憂うつになり、ひとりになりたいという感情がわき出てくることも。月経痛の改善がPEMSの解消につながると考えられています。

月経前症候群《げっけいぜんしょうこうぐん》（PMS）

月経が始まる３～10日前から不快な症状が現れ、月経が始まると症状がなくなる

月経前から月経が始まるまでの間に起こる不快症状。腹痛、頭痛、肩こり、腰痛、むくみ、食欲が増す、便秘、下痢、眠くなる、不眠、手足の冷え、怒りっぽくなる、憂鬱《ゆううつ》になる、無気力になる、涙もろくなる、疲れやすいなどがあげられます。

排卵時出血《はいらんじしゅっけつ》

月経と月経の間に少量の出血がみられる

個人差はあるものの、月経と月経の間に、少量の出血が２～３日みられる症状で、同時に排卵痛を感じる人も。基礎体温を測定してみて、低温期から高温期へ変化する時期に出血がみられる場合は、排卵時出血と考えましょう。数ヵ月続くようなら、基礎体温を記録して婦人科を受診するのがおすすめです。

コラム　月経にともなうおりものの変化

おりものとは子宮や腟からの分泌物。下着が汚れて嫌な感じがする人もいるかもしれないけど、腟の中を雑菌から守ってくれる大切な存在だよ。
普段は、白っぽい色～薄い黄色（クリーム色）で、排卵が近くなると、透明でねば～っと糸をひくような感じ（鼻水たら～って感じ）になるよ。

このように、月経周期とともにおりものも変化するから、おりものを観察して自分の体の変化をチェックしよう。

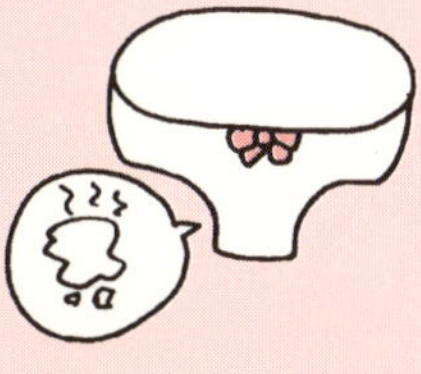

月経のことでつらい思いをしていたら……

不快な症状があるってつらいことだよね。そんなときは、誰かに話したりすることで気持ちが軽くなって、月経が楽になることがあるよ。「おかあさんの月経はどんな感じだった？　今はどう？」とちょっと勇気を出して聞いてみよう。だって、あなたの遺伝子の半分はおかあさんからの授かりものなのだから。

「親には話せない……」という人は、養護の先生や信頼している友達に、自分の月経について話してみてはどうかな？　自分の体を大切にすることは、自分の心を大切にすることにもつながるよ。

そしてなによりも大切なことは、「つらいよ」「痛いよ」という自分の体の声を聴いて、体をいたわってあげること。

月経のたびに寝込んでしまうような痛みや症状があるときは、ご両親に伝えて、思春期外来や産婦人科などの専門家に相談してね。

毎回の月経の様子や基礎体温を記入することも、自分の体調を知る大切なセルフケアになるよ。

月経をいいイメージでとらえる「子宮（お宮ちゃん）と対話ワーク」

月経を、明るくいいイメージでとらえると、月経痛がやわらぐよ。夜寝る前に、おなかのお宮ちゃんに話しかける方法を試してみて！

1

布団に入って、おへその下に両手を当てて、ピンク色で卵型の、やさしい柔らかいイメージのお宮ちゃんを手のひらを通して感じてみようね（想像の世界でOK)。

2

息を吸うときは、おなかにあたたかい明るい元気が入ってくるイメージで。吐くときには、いらない感情を吐き出すイメージで。色でたとえるなら、吸う呼吸はキラキラした真っ白な光、吐く呼吸は黒いけむりのようなイメージ。

3

息を吐くときに、イメージの黒いけむりがでてこなくなるまで呼吸を続けよう。しばらくすると、体がぽかぽかしてくるよ。途中で眠ってしまってもOK。十分リラックスした証拠だね！

4

おなかのお宮ちゃんのぬくもりを感じながら、「いつもありがとう。これからも一緒に大人の体に成長していこうね」と伝えて、体中の力を抜いてゆっくり夢の世界に旅立とう♪

その他の思春期にありがちなトラブル

月経周期や経血トラブル以外にもさまざまなトラブルがあります。

貧血《ひんけつ》（鉄欠乏性《てつけつぼうせい》貧血）

思春期にときどきみられます。急激な体の成長によって体の血液量を増やす必要があるものの、月経時の出血で血液が不足することから貧血になります。症状がなく進行していることも多いのですが、疲れやすい、めまい、動悸《どうき》、息切れなどが現れることも。
鉄分の多い食事をとったり、カフェインを取りすぎないように注意して、バランスのよい食事をとりましょう。

起立調整《きりつちょうせい》障害

思春期に多くみられる立ちくらみ。「急に立ったらフラっとしちゃった」「朝礼のときに立っていたら倒れちゃった」など……成長段階における自律神経の乱れが原因で起こると考えられています。成長とともに改善されますが、バランスのよい食事、睡眠時間をきちんととるなど、生活パターンの改善も大切です。

過換気症候群《かかんきしょうこうぐん》

強いストレスや体調不良、月経の痛みなどから、呼吸を必要以上にしてしまい、胸が苦しくなる、空気が吸えない、吐き気、手足のしびれ、冷えやけいれんなどの症状が出ることをいいます。

過換気症候群を起こしたときには、呼吸をゆっくりとしたり、息を吸わないようにこらえたりするとよいのですが、発作中にはなかなかできないことが多いようです。

その場合は、下のイラストのように紙袋を口にあてて、自分の吐いた息を再び吸うことをくり返しましょう（ペーパーバッグ法）。この方法で、血液中の炭酸ガスが正常になり、症状がやわらぎます。

女の子の疑問

これって どうということ？

Q. 月経前になると イライラして、 自分を責めてしまう

A. 大人でもよくあることなので安心しましょう。これはホルモンの影響。あなたのせいではないので、あまり自分を責めないことです。

ちなみに、一生に分泌される女性ホルモンは、ティースプーン１杯分。本当に少しの量ですが、体や心には大きな影響を与えます。「そろそろイライラする時期だ」と思ったら、リラックスできることをして過ごすように工夫してみるのもいいですね。

Q. 月経になるとたくさん食べてしまう。 いったいどうして？

A. ホルモンの影響で過食になってしまうことがあります。食欲がとまらないときは、市販のチョコレートやスナック菓子ではなく、自然食品やナッツ類など体に負担の少ないおやつを選びましょう（P32）。

テレビを見ながら食べる「ながら食べ」はＮＧ。食べたという実感がない分、どんどん食べてしまい、太る原因にもなります。

おすすめは「よく噛んで食べる」こと。よく噛んで食べると、食べる量も少なくてすみます。食べるときは「おいしい！」と思いながら、ゆっくり味わって食べましょう。

Q. 月経前になるとニキビが増えるのはどうして？

A. 生理前になると、ホルモンの関係でニキビが出やすくなります。

月経を起こす女性ホルモンは、お肌をきれいにしてくれるものと、ニキビを増やしてしまうものの２つがあります。月経前になると、ニキビを増やす女性ホルモンが増加するので、ニキビが増えるのです。

また、男性ホルモン（女性でも男性ホルモンがごく少量分泌されている）も思春期に少し増えるため、皮脂分泌が活発になってニキビができやすくなります。疲れていたり、ストレスがたまると、男性ホルモンの分泌が活発になってニキビが増える原因にもなるので注意！

ニキビケア用の化粧品も売っていますが、まずは野菜や良質タンパク質をとったり、早寝早起きを心がけるなど、食生活と生活習慣の改善を。健康的な生活をして、体の中からピカピカになりましょう！

Q. 中学２年生だけどまだ生理がこない。まわりの子はみんなきてるのに、焦っちゃう

A.

月経が始まっている子が増える時期です。焦ってしまったり、「病気かも!?」と不安になることもあると思います。たとえば、小柄で痩《や》せていたりすると、月経が遅くなることがあります。

もし高校生になっても月経がこないようなら、産婦人科に相談にいくのがおすすめです。自分の体と心を大切にすることを忘れずに、あまりまわりと比べすぎずに過ごしましょう。

心配なことはおかあさんや養護の先生などに相談を。一人で不安を抱えるよりも、だれかに相談することで心が軽くなったりします。

Q. 月経が嫌で、自分が女であることに嫌悪感を抱いてしまう

A.

毎月の月経を「面倒」「不快」と思って、「男に生まれたらよかった！」なんて思う女の子もときどきいます。そんなときは「なぜ月経が必要なのか」「どんなふうにしたら少しでも心地よく過ごせるのか」ということを考えると変わってくるかもしれません。

個人差はありますが、今の自分の「性」を否定していると、「自分自身」を否定して傷つけてしまうことにもなります。男の子も「性欲」という壁があるので、それもまた大変なのです！

お互い大変な部分があるけれど、それぞれ「個性」のひとつと受けとめて、誰かに気持ちを話したりすると、少し楽になるかもしれませんよ。

3章

興味本位の性体験が危険なわけ

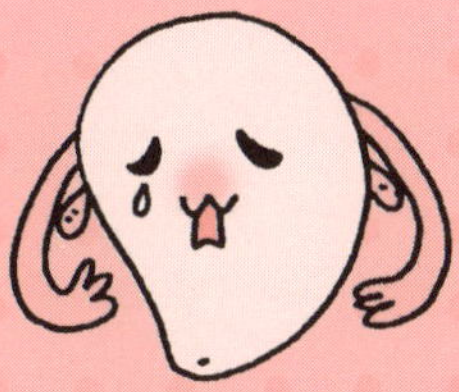

体も心も大人の女性に近づく思春期は、異性とのお付き合いや性体験に興味が出てくる年頃。それはごく当たり前のことだけど、後で悲しい思いをしないためにも、ぜひ正しい知識を入れておこう！

10代にも多い性感染症って？

ピロリロリン♪
ん？メールだ…
舞、ちょっと困っていて
相談していい？
じつはさぁ、最近
あそこがかゆくて……
おりものもヘンな色を
していたから
思いきって婦人科に
行ってみたら
クラミジアだって (>_<)
彼と2、3回セックス
したんだけど、そのときに
うつされたのかなぁ～
？
クラミジアってなんだっけ？性病の一種だったような？？？
ただいまぁ～
お帰りなさぁ～い
愛ねぇっている？
たぶん部屋にいると思うよ明日からテストだって言ってたから勉強してるんじゃないかしら？
ありがとー！
コンコン
愛ねえ、今ちょっと話していい？

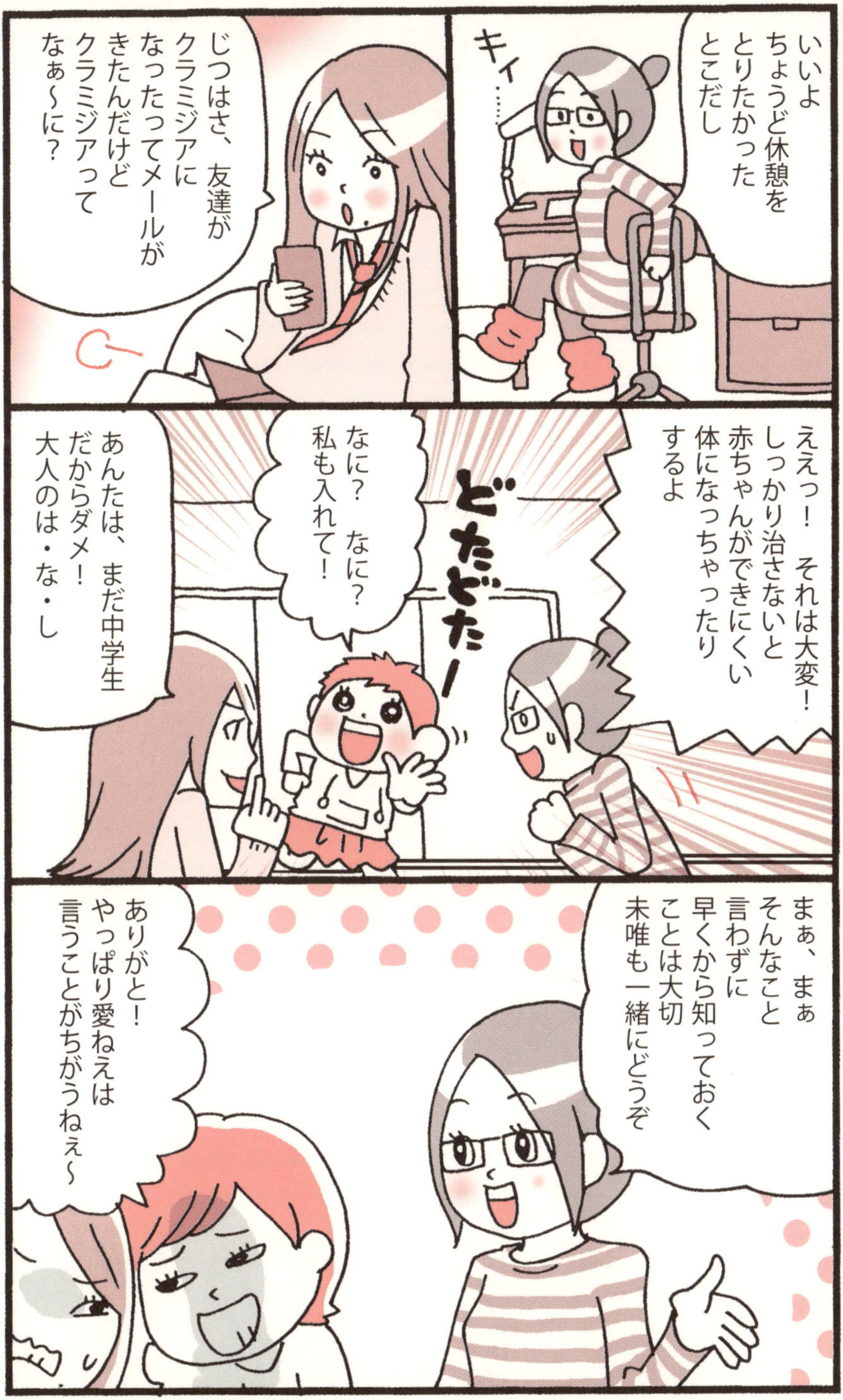
いいよ ちょうど休憩を とりたかった とこだし
キィ……
じつはさ、友達が クラミジアに なったってメールが きたんだけど クラミジアって なぁ～に？
ええっ！ それは大変！ しっかり治さないと 赤ちゃんができにくい 体になっちゃったり するよ
どたどたー！
なに？ なに？ 私も入れて！
あんたは、まだ中学生 だからダメ！ 大人のは・な・し
まぁ、まぁ そんなこと 言わずに 早くから知っておく ことは大切 未唯も一緒にどうぞ
ありがと！ やっぱり愛ねえは 言うことがちがうねぇ～

まず、性感染症って知ってる？セックスによってうつる病気のことだよ
で、クラミジアっていうのは性感染症のひとつ10代の女の子の性感染症の中でもっとも多い病気なんだ
どれくらいの人がクラミジアになってるの？
え～っとね、それは今ちょうど勉強中でここに資料があったと思ったけど……
ガサゴソ…
愛ねえが答えられないってめずらしいねえ～
モクモク
ぽーーーん！
あっあのときみたへんな化け物！

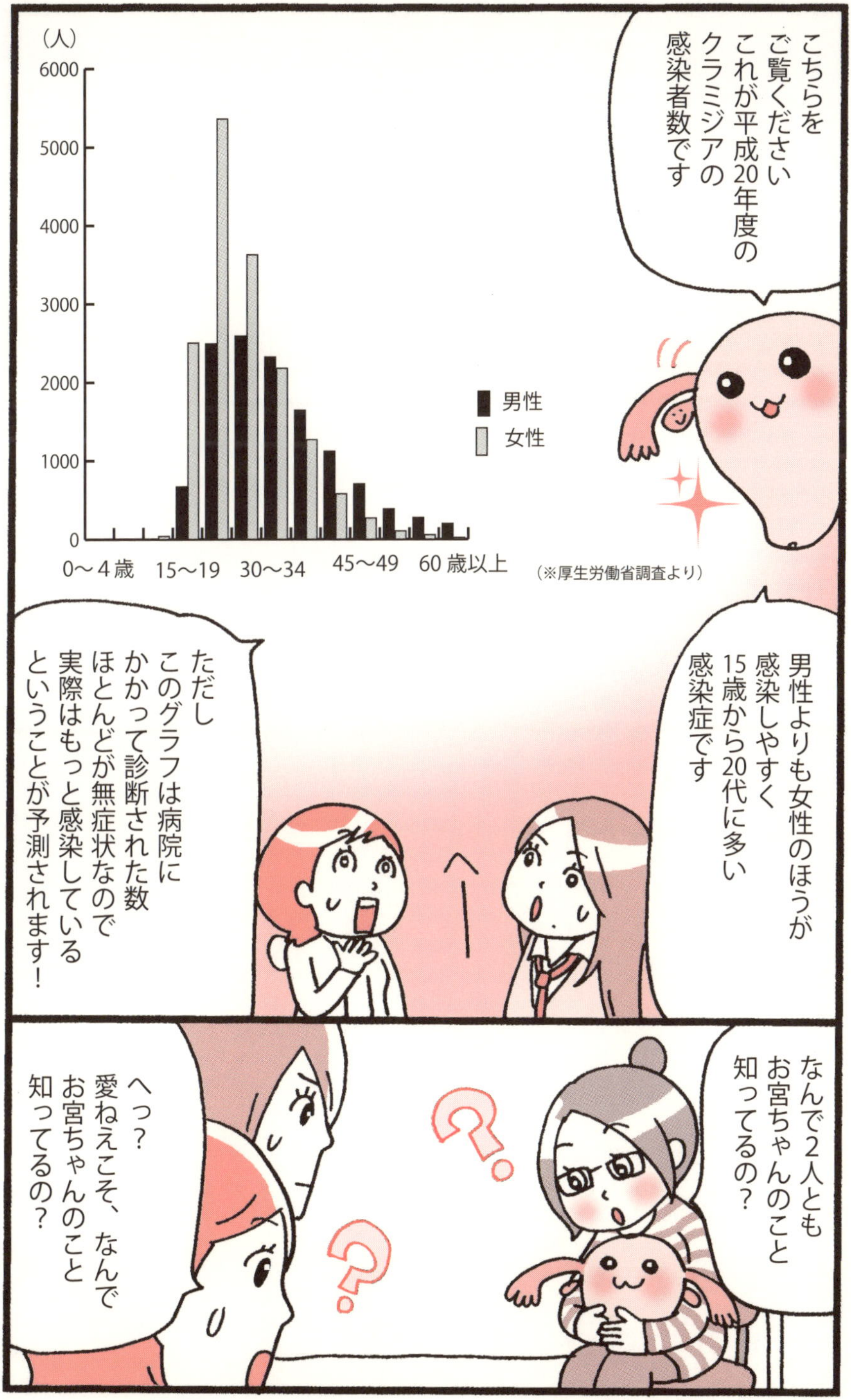
こちらを
ご覧ください
これが平成20年度の
クラミジアの
感染者数です
（人）
6000
5000
4000
3000
2000
1000
0
0～4歳
15～19
30～34
45～49
60歳以上
男性
女性
（※厚生労働省調査より）
男性よりも女性のほうが
感染しやすく
15歳から20代に多い
感染症です
ただし
このグラフは病院に
かかって診断された数
ほとんどが無症状なので
実際はもっと感染している
ということが予測されます！
へー
なんで2人とも
お宮ちゃんのこと
知ってるの？
へっ？
愛ねえこそ、なんで
お宮ちゃんのこと
知ってるの？

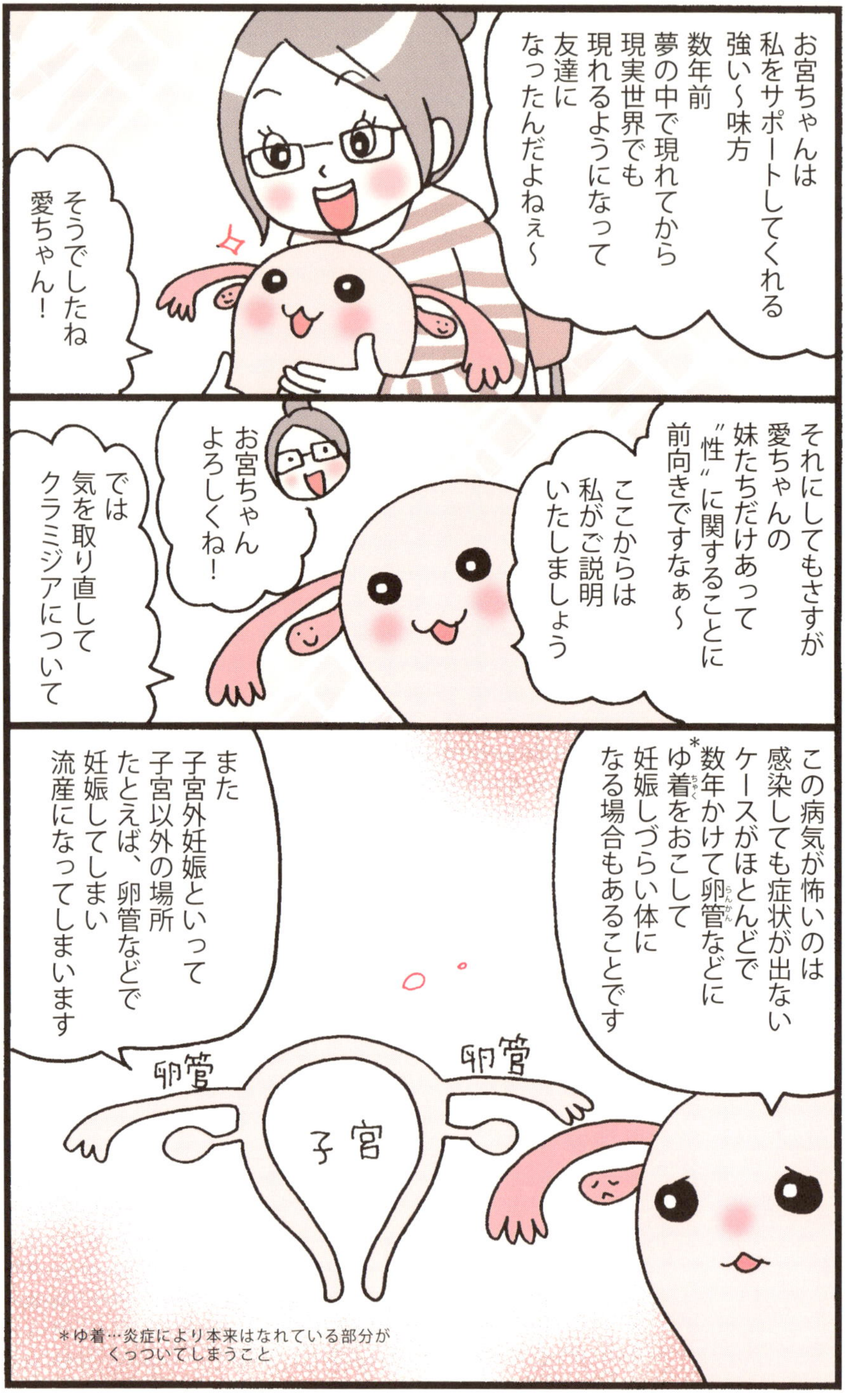

お宮ちゃんは私をサポートしてくれる強い～味方 数年前夢の中で現れてから現実世界でも現れるようになって友達になったんだよねぇ～
そうでしたね愛ちゃん！
それにしてもさすが愛ちゃんの妹たちだけあって〝性〟に関することに前向きですなぁ～
ここからは私がご説明いたしましょう
お宮ちゃんよろしくね！
では気を取り直してクラミジアについて
この病気が怖いのは感染しても症状が出ないケースがほとんどで数年かけて卵管《らんかん》などに*ゆ着《ちゃく》をおこして妊娠しづらい体になる場合もあることです
また子宮外妊娠といって子宮以外の場所たとえば、卵管などで妊娠してしまい流産になってしまいます
卵管
卵管
子宮
＊ゆ着…炎症により本来はなれている部分がくっついてしまうこと

感染して妊娠すると早産の原因になることもあるし出産時に胎児にクラミジアが感染して胎児が肺炎《はいえん》・結膜炎《けつまくえん》にかかることもあります
疑われる場合は早めに婦人科を受診することです！
将来、赤ちゃんを産めなくなったらやだなぁ～
その通りですよ そのほかの性感染症としてトリコモナス 淋病《りんびょう》、性器ヘルペス コンジローマ 梅毒《ばいどく》などの病気もあります
なんだか、すごい病名ばかりだなぁ～
性感染症についてくわしいことはこちらをごらんください
そして、何よりも怖いのが子宮頸《けい》がん、エイズ B型《がた》肝炎《かんえん》など
命にかかわる病気になる可能性もあるんです
ペローン

性器ヘルペス	梅毒《ばいどく》	毛じらみ	膣《ちつ》カンジダ症
単純ヘルペスウイルスの感染による病気	トレポネーマという病原菌の感染による病気	吸血性昆虫である「ケジラミ」が感染して起こる病気	カンジタ属の真菌（カビの一種）が感染して起こる病気。性行為で感染することもあるが、常在菌《じょうざいきん》といって身のまわりに常にある菌なので、体調を崩すなどのきっかけで症状が現れることも
陰部に潰瘍《かいよう》（肌荒れ）水疱《すいほう》がたくさんできて、とても痛い。 感染しても 80%の人は症状がないが、 体力が落ちたときなどに発病する	感染して約３週間で約１ｃｍのブツブツが出て、足の付け根がはれる。３カ月たつと全身に斑《はん》ができ、約３年で、こぶのようなものができて増えていく。10年以上たつと内臓までにも進行してしまう	陰部がかゆくなる。毛じらみにさされたところは赤くなり、頭、わき毛に感染することもある	かゆみが強く、酒かす、ヨーグルト状の白いおりもの（黄色いときもあり）が出る
視診（見て診断）また湿疹の場所を検査。数ヶ月経過したものは採血することも	血液検査など	ルーペなどを使用した視診（見て診断）	おりものの検査
抗《こう》ウイルス薬の内服、または軟膏《なんこう》の使用	抗生物質の注射や内服	毛じらみを駆除するパウダー状の薬や駆除できるシャンプーの使用	膣剤といって膣にお薬をいれる治療を1～10日。抗真菌剤の軟膏を塗る
コンドームの使用	コンドームの使用。体液や血液に触れないようにする	コンドームを使用しても感染するで、症状があるときは性行為をしない	症状があるとき、治療中に性行為をしない。通気性のよい下着を身につけ、体調を整える
症状がなくても検査が必要。 症状がある場合は治療が必要。 受診は泌尿器科で	症状がなくても検査が必要。 症状がある場合は治療が必要。 受診は泌尿器科で	症状がなくても検査が必要。 症状がある場合は治療が必要。 受診は泌尿器科で	症状がなくても検査が必要。 症状がある場合は治療が必要。 受診は泌尿器科で

性行為により感染する病気

	クラミジア感染症	淋《りん》病	膣《ちつ》トリコモナス
どんな病気？	クラミジア・トラコマティスという微生物の感染による病気	淋菌の感染による病気	膣トリコモナスという原虫が性器内に入り込んで症状を引き起こす
症状	感染しても症状がないことが多く、症状が出るのは５人に１人程度。おりものが増えたり、出血があったり、下腹部痛があったりする。長期にわたり感染状態が続くと、赤ちゃんができづらい体になることも（男性も症状がないことが多い）	黄色いおりものが出ることもあるが、症状がないことも多い（男性は尿道からウミが出る淋菌性尿道炎《りんきんせいにょうどうえん》を起こすことがある）	かゆみ、黄色いおりもの、泡立ったおりものが出ることがある。膀胱炎につながることもあり、そうなるとおしっこのときに痛みをともなう（男性は症状が出づらい）
検査	おりものの検査 血液検査	おりものの検査	おりものの検査
治療	抗生物質の内服を１～２週間	抗菌剤を１週間内服	膣剤といって膣にお薬をいれる治療 内服を併用する場合も
予防 ノーセックスが一番の予防ですがここではあえて性行為をすると仮定したときの予防法を紹介しています	コンドームの使用	コンドームの使用	コンドームの使用
パートナーの検査・治療	症状がなくても検査が必要。 症状がある場合は治療が必要。 受診は泌尿器科で	症状がなくても検査が必要。 症状がある場合は治療が必要。 受診は泌尿器科で	症状がなくても検査が必要。 症状がある場合は治療が必要。 受診は泌尿器科で

★子宮頸がん

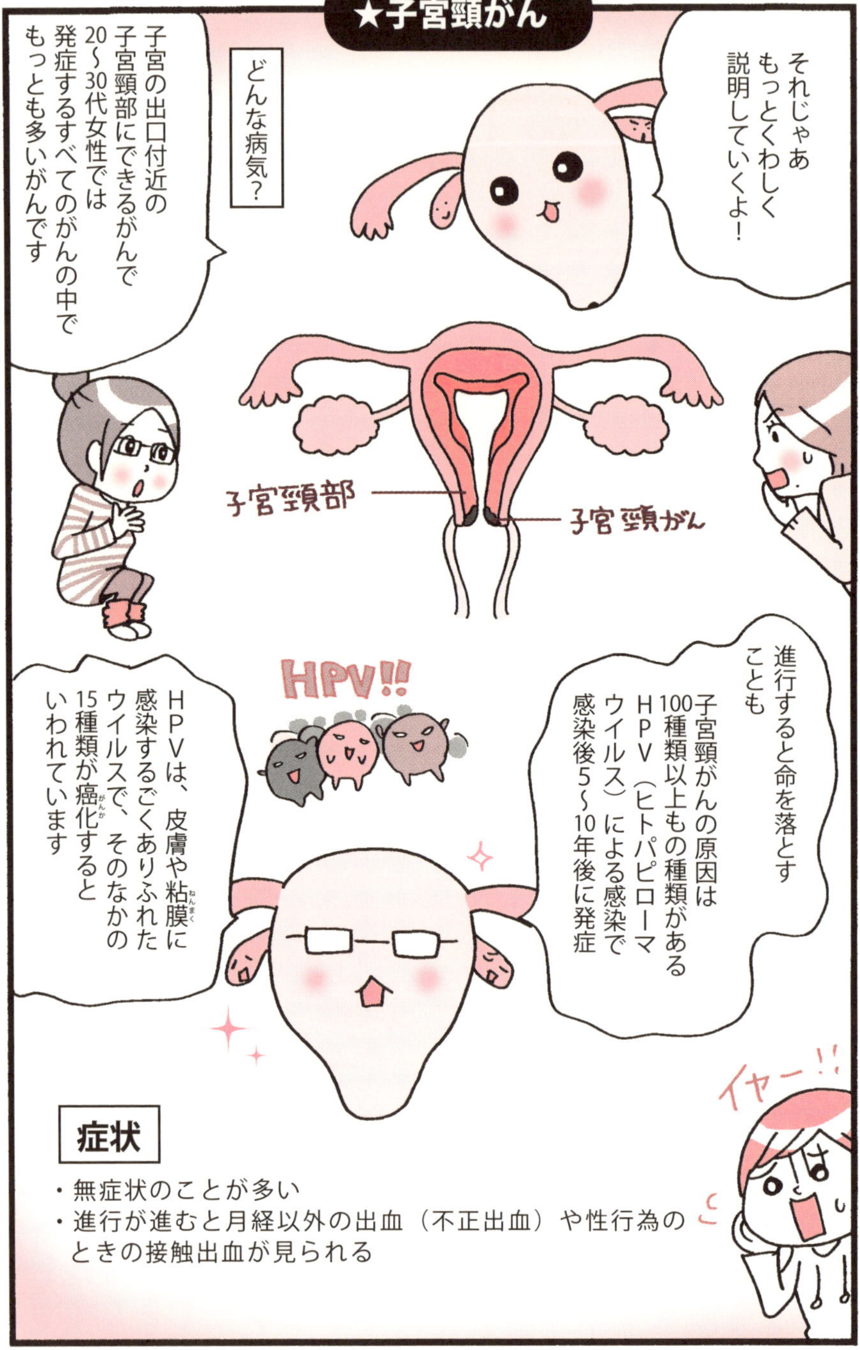

それじゃあもっとくわしく説明していくよ！
どんな病気？
子宮の出口付近の子宮頸部にできるがんで20～30代女性では発症するすべてのがんの中でもっとも多いがんです
子宮頸部
子宮頸がん
進行すると命を落とすことも
子宮頸がんの原因は100種類以上もの種類があるＨＰＶ（ヒトパピローマウイルス）による感染で感染後5～10年後に発症
HPV!!
ＨＰＶは、皮膚や粘膜《ねんまく》に感染するごくありふれたウイルスで、そのなかの15種類が癌化《がんか》するといわれています
イヤー!!

症状

- 無症状のことが多い
- 進行が進むと月経以外の出血（不正出血）や性行為のときの接触出血が見られる

感染経路

・セックスで感染することがほとんど
・一度でもセックスの経験があれば感染の可能性がある
・感染しても 80%以上の人が何の症状もないまま、自己治癒力で回復

予防法

●セックスをしない
・セックスをしなければ子宮頸がんのリスクはなくなる
・できるだけ、若いときの感染を避けることが大切な予防の一つ

●コンドーム
・男性のペニスについているウィルスと接触を避けるためには
コンドームが有効
・正しく使用した場合、感染の確率を減らすことができる
（100%の予防にはならない）

●HPV ワクチン（子宮頸がんワクチン）
・現在のワクチンで予防できるのは原因 HPV15 種類のうち 2 種類の HPV
・「予防接種をしたから子宮頸がんにならない」ではなく、
「予防を知ったうえでさらに気をつけたり、大人になったら検診を受け、
自分の体を大切にしよう」と考えるのがベストな選択
・親とよく相談をし、自分の意見も伝えて接種するかしないかを考えよう

●子宮（頸）がん検診
・一般的に 20 歳から受けられる（症状があれば 10 代でも）
・検診は 1 ～ 2 年に一回。（一部助成金が出る地域も）
・健康チェックとして気軽に受けよう

★エイズ

どんな病気？

・原因は HIV（ヒト免疫不全ウィルス）の感染

・感染後、免疫不全（普通の人ではかからないような弱い病原体でも感染してしまう）が進行。肺炎や結核などさまざまな感染症を起こし、適切な治療を受けないとそれらが原因で死因のひとつになってしまう病気

症状

・感染後 2 〜 6 週間後くらいに発熱、発疹、リンパの腫れなど自然に症状が消えることが多く、その後 HIV キャリア（HIV 感染者）となる

・HIV キャリアのときは無症状。5 〜 10 年後にエイズとして発病

・発病が早い「劇症型《げきじょうがた》」というケースもある

・HIV キャリアのときにエイズを発病しないように HIV を抑える薬があるが、一生治療が必要な状態になる

感染経路

・HIV は血液、精液、体液、母乳の中に存在する

・性行為、輸血、薬物の回し打ち（違法ドラック）、母子感染など

予防法

●セックスをしない

・性行為で感染するケースが増えているため、ノーセックスという選択も考えよう

●コンドーム

・コンドームを正しく使用することで、感染リスクを減らすことができる

●HIV 検査

・保健所や HIV センターで無料で受けられる（プライバシーも守られる配慮がある）

・病院でも検査ができる（初診料や検査費用がかかる）

★B 型肝炎に関して

どんな病気？

HBV（B 型肝炎ウイルス）に感染し、肝機能障害が引き起こされる病気

症状

・初めて感染した場合 70 ～ 80％の人は肝炎にならず自然治癒

・20 ～ 30％の人は、食欲低下などの消化器症状、倦怠感《けんたいかん》や黄疸《おうだん》が出る急性肝炎や、劇症肝炎を起こす（適切な治療で回復。時に命にかかわることも）

・キャリア（感染者）として慢性肝炎になり、少しずつ肝臓の調子が悪くなって、肝硬変から肝がんへと移行する場合がある（日本で120 ～ 150 万人、100 人に 1 人の患者さんがいる）

感染経路

・血液や体液から感染。現在もっとも多い感染経路は性行為

・母子感染（出産時に母から子へ）

予防法

●セックスをしない
・性行為で感染するケースが増えているため、ノーセックスという選択も考えよう

●コンドーム
・コンドームを正しく使用することで、感染リスクを減らすことができる

●HBV 検査
・保健所で無料で受けられる（プライバシーも守られる配慮がある）
・病院でも検査ができる（初診料や検査費用がかかる）

●B 型肝炎ワクチン
・B 型肝炎ウィルスへの抗体ができて、感染しづらい状態になる（100％感染を防げるものではない）

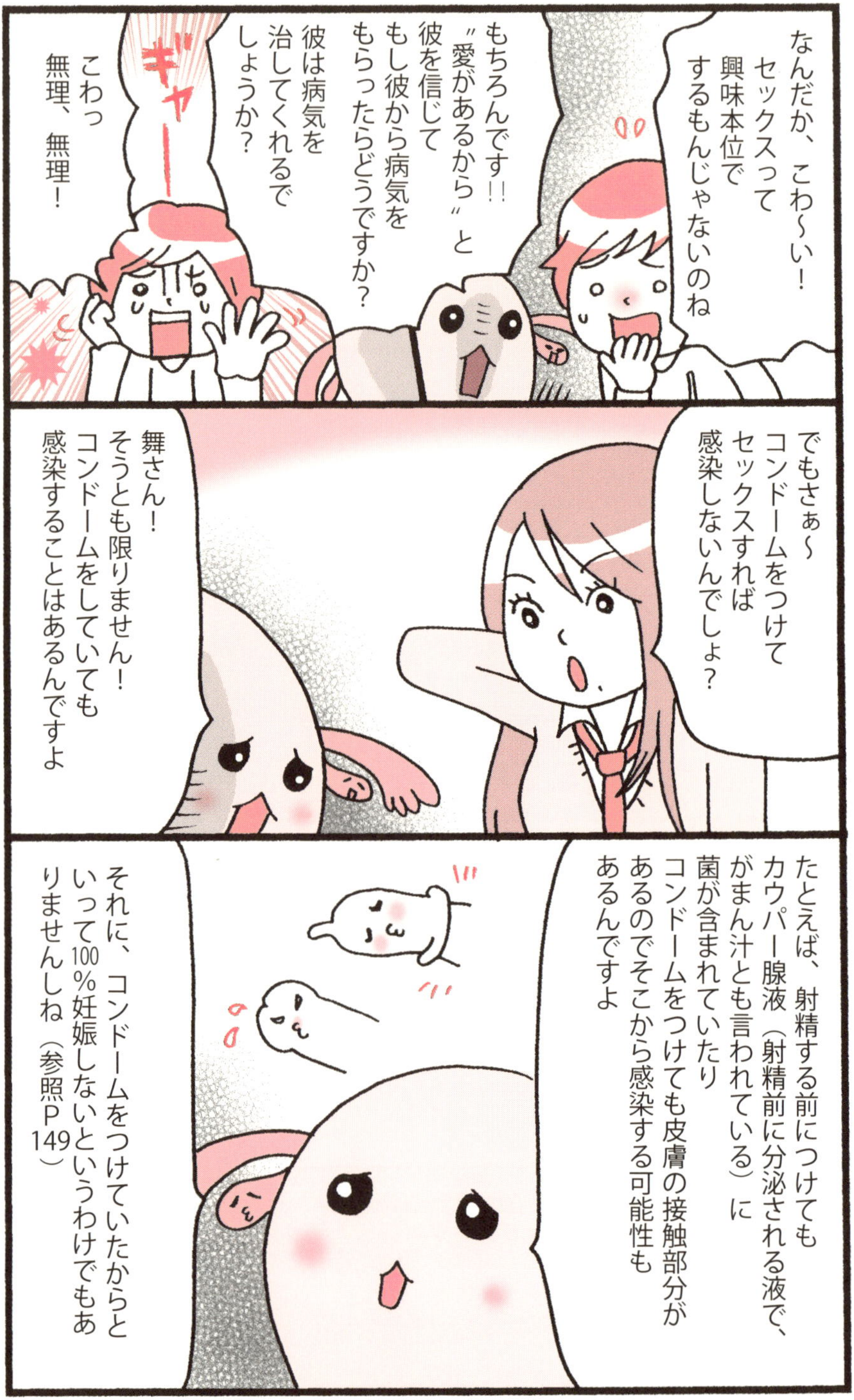

なんだか、こわ〜い！
セックスって
興味本位で
するもんじゃないのね
もちろんです!!
〝愛があるから〟と
彼を信じて
もし彼から病気を
もらったらどうですか？
彼は病気を
治してくれるで
しょうか？
ギャー
こわっ
無理、無理！
でもさぁ〜
コンドームをつけて
セックスすれば
感染しないんでしょ？
舞さん！
そうとも限りません！
コンドームをしていても
感染することはあるんですよ
たとえば、射精する前につけても
カウパー腺液（射精前に分泌される液で、
がまん汁とも言われている）に
菌が含まれていたり
コンドームをつけても皮膚の接触部分が
あるのでそこから感染する可能性も
あるんですよ
それに、コンドームをつけていたからと
いって100％妊娠しないというわけでもあ
りませんしね（参照P149）

コンドームも正しく使わないと、感染や妊娠の危険があるということなのね
その通り！さすが愛ちゃん
彼にも正しいコンドームの使い方をしてもらうようにちゃんと話してみましょう
それが、自分を大切にすることにもつながります！感染予防、避妊のためにもコンドームは最低限のマナーだと思いますよ
ドロン
では、私はこれで失礼します〜
ふふふふ……、三姉妹に夢の中で講義をしちゃったけど、楽しかったわ これで、少しは私のことを大切にしてくれるかしら？

婦人科ってどんなところ？

○○産婦人科
今日は、子宮がん検診の初体験なんだかドキドキ
愛ねえのクラスメイト
本当だね私は、最近月経の周期が不定期だからそれも相談してみよう
うん自分の体のことをちゃんと知るってとても大切なことだしね
さぁ、婦人科ツアーにレッツゴー
受付
はじめてきたからドキドキ
は、は……はじめてなんですけど
※初診ですね問診票にお答えください
問診票
はじめてって緊張しますよね深呼吸して楽になさってください
緊張しないってほうが難しいかもね(笑)
そうだねそれにしてもあんまり病院っぽくないね
キレイー

※現在の体調や、今までかかった病気、月経周期など、診察に必要な情報を本人が記入するもの。質問したいことなども書いておくといいでしょう。

山本さーん
お入りくださ～い
！
行ってきまーす
ドキドキ
ガラ
どうだった？
子宮がん検診はものすごくドキドキした……
月経不順のほうは※血液検査をしてもらったよ
緊張したけど、丁寧にいろいろと話してくれたから思ったよりも大丈夫だった！
※女性ホルモンの値を測ったり、そのほかの体調の気になる部分を検査します
村野舞さ～ん！
つぎ私だね～
こんにちは
今日は子宮がん検診にいらしたのですね
ほかになにかお困りのことはありますか？
低用量ピル（P152）について処方を受けてみたいと思っています
わかりました
では、先にがん検診をしていきましょう

下着を脱いで
内診台《ないしんだい》へ
お上がりください
ひー
なんか
ドキドキ
カーテン
※カーテンは
使用してもしなくてもOK
では
台が上がります
ウィ～ン
ひゃあ～
股《また》が開く～
では、力を抜いて
くださいね
今から内診をします
すぐに終わりますよ
と
言われて
あっという間に終了
え
もう
終わり？
思ったよりも
痛くないし
あっという間の
出来事だった……
その後、低用量ピルに
ついての説明を受け……

○○産婦人科
思ったよりも短時間の診察で終わったね
でも内診台にあがるときはやっぱりドキドキしたな
ほんと〜とても話しやすい先生で安心した
今日の婦人科はいいところだったね いろいろな人に評判を聞いたり実際に受診してみるといいね
そうだね何かあったら気軽に相談できる婦人科のホームドクターに出会えるといいね
ホームドクターがいれば検診ももっと行きやすくなるかもね
だいたい検診って私たちみたいな健康な20代の人が受けるイメージがないしそんなの必要ないって思っている人がたくさんいるだろうしね
ねー
最近は若いうちに子宮頸がんを発病していることに気づかず妊娠して検診をしたときに初めて見つけるケースも増えているみたいだよ

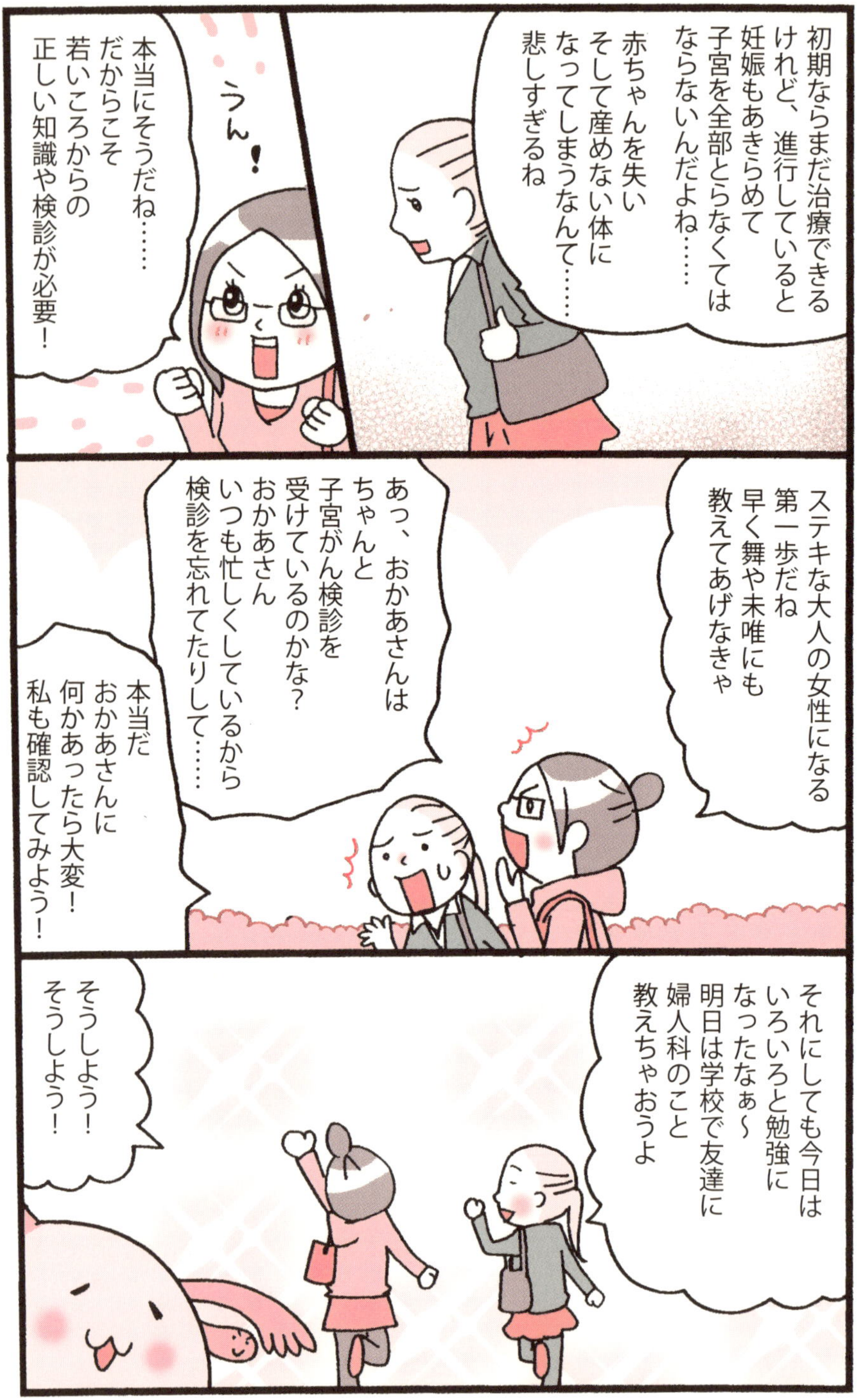
初期ならまだ治療できるけれど、進行していると妊娠もあきらめて子宮を全部とらなくてはならないんだよね……
赤ちゃんを失いそして産めない体になってしまうなんて……悲しすぎるね
うん！
本当にそうだね……だからこそ若いころからの正しい知識や検診が必要！
ステキな大人の女性になる第一歩だね早く舞や未唯にも教えてあげなきゃ
あっ、おかあさんはちゃんと子宮がん検診を受けているのかな？おかあさんいつも忙しくしているから検診を忘れてたりして……
本当だおかあさんに何かあったら大変！私も確認してみよう！
それにしても今日はいろいろと勉強になったなぁ～明日は学校で友達に婦人科のこと教えちゃおうよ
そうしよう！そうしよう！

婦人科ってどんなとこ？　ドキドキ探検ツアー！

婦人科とは子宮や卵巣など、女性の生殖器《せいしょくき》の病気を扱う病院。月経が始まったら、心配なことを気軽に相談できる婦人科を探しておくと安心だよ！

待合室の様子

最近は、観葉植物や絵画、心地よい音楽やアロマの香りがただよう待合室も多く、リラックスできるよ。

準備するもの

- **保険証**
- **お金**
- **記録した基礎体温表**（月経トラブルに関しては、基礎体温表があると、診断やアドバイスをしてもらいやすくなる）
- **ナプキン１枚**（診察の後に、刺激で出血することもあるので）
- **好きな音楽や本**（待ち時間をリラックスするために）

気になる診察室はこんな感じ！

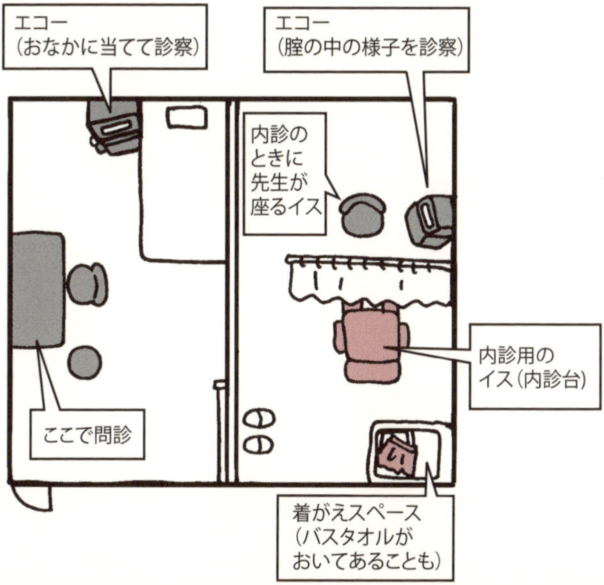
エコー
（おなかに当てて診察）
エコー
（膣の中の様子を診察）
内診のときに先生が座るイス
内診用のイス（内診台）
ここで問診
着がえスペース
（バスタオルがおいてあることも）

内診ってどんなことをするの？

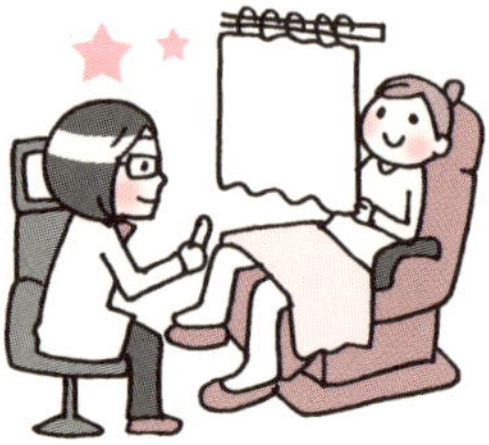

下半身には何も身につけない状態で内診用のイスに座り、性器部分を診察するよ。内診台の前にはカーテンがあるけれど、お話ししながら診察を受けることもあり、使っても使わなくてもOK。
性器の診察は、視診（目で見て診察）、触診（触って診察する）があって、ときには超音波の細い器具（指の太さくらいのもの）や、膣鏡《ちつきょう》とよばれる小さな器具を膣に入れて、診察することも。

ただ、セックス経験のない人には、おなかの上から超音波を当てたり、肛門から超音波検査をすることも。月経痛がつらいとき以外は、月経中の診察は避けよう。

内診を受けるときのファッション

上の服は何でもOKだけど、しめつけないもののほうがリラックスできるよ。

ひざ下くらいのフレアースカートがおすすめ。ズボンでも、バスタオルで、下半身をおおうことができるよ。

脱ぎ着に時間がかからないものを

オーバーオール、ブーツ、タイツ、ストッキングなどは脱ぎ着に時間がかかるので、ハイソックスやレッグウォーマーなどで冷え対策をしよう。

女性の病気「乳がん」について知っておこう！
～おかあさん世代はとくに重要！～

乳がんとは、乳房の乳腺《にゅうせん》にできるがんのこと。かかりやすい年代は40代。月経がなくなる閉経前に発症しやすいといわれているから、おかあさん世代は注意が必要だね。

なによりも早期発見！

乳がんは初期に発見されれば、5年生存率（診断されてから5年経過して生存している患者の比率）が95％と良好で、転移の可能性も低い病気。しこりが小さければ大きく乳房を切除することなく、部分的な切除だけの治療も可能。

だからこそ、25歳を過ぎたら一度、乳がん専門医（乳腺外科）で診察を受けて、マンモグラフィー（乳房レントゲン）や超音波検査を受けてみよう。

おかあさん世代だけでなく、娘世代も頭の片すみに入れておいてほしいな。

簡単にできる乳がんセルフチェック！

10代でも自分の体を知ることは大切。今からセルフチェックの習慣をつけておこう。乳腺の張りがおさまる月経後2～3日目がおすすめ。おかあさんも、ぜひ試してください。

お風呂の前に鏡でチェック

- □左右の形や大きさが変わっていないかどうか
- □乳房のしこりやへこみ、ひきつれはないかどうか
- □乳首の肌トラブル（ただれなど）がないかどうか
- □乳首をつまみ分泌物《ぶんぴつぶつ》がないかどうか

こんなしこりに注意！

しこりには、良性腫瘍《りょうせいしゅよう》（命にかかわらない）と悪性腫瘍《あくせいしゅよう》（がん。放っておくと命の危機にかかわる）があるよ。5mm ～ 1cm のしこりなら注意深く触ると発見できることも。発見したらなるべく早く専門の医師（乳腺外科・外科）の診断を受けよう。自己判断だけで安心しないように。

	良性腫瘍	悪性腫瘍
かかりやすい年齢	10代後半～30代	40～50代がピーク
しこりのかたさ	消しゴムのような硬さ	弾力のある石のような硬さ
しこりの感触	境目がハッキリしていて、触るとコロコロと動く（ゆ着していないため）	境目がハッキリせずギザギザと感じたり、指で押してもその場から逃げない（ゆ着しているため）
イメージ	 コロコロ動く	 ギザギザした感じで動かない

＊良性腫瘍の中でもっとも多いのが「線維腺腫《せんいせんしゅ》」と呼ばれるもの。
月経周期によって大きさが変化することが多く、2cm以下だと自然に小さくなることも。

お風呂タイムでチェック

石けんやクリームなどをつけて指のはら４本でクルクルとぬりこむ感じで触れよう。乳房全体、わきの下、わきの下から胸の付け根、鎖骨《さこつ》まわりなど、丁寧にすみずみまでチェック！

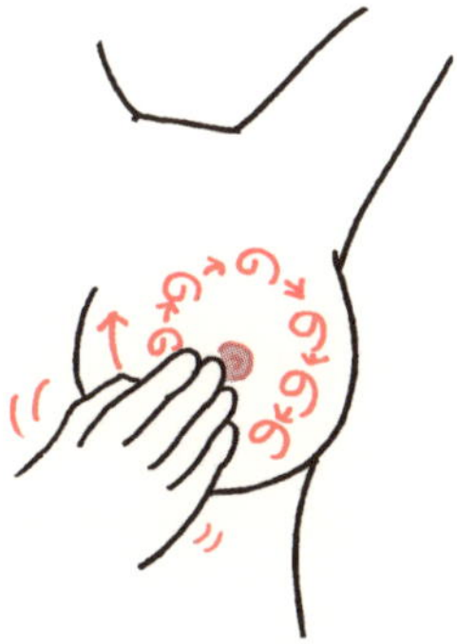

寝る前にチェック

布団の上にあお向けに寝て片方の腕を上げ、もう片方の指のはらで「の」の字を描くように。脇の下のほうもていねいにチェック！

乳がん患者の２割がセルフチェックで気づいたといわれているよ。20代になったら、月１回の自己検診を忘れずに。

コラム　乳がんにかかりやすい人

乳がんで片側手術をした人、未婚、高齢出産、初潮が早い、閉経が遅い、授乳期間がない、または短い、女性ホルモン剤の長期内服をしていた人など。女性ホルモンである「エストロゲン」が多く関わっているといわれているよ。

☆おかあさん世代は、ぜひ乳腺外科など専門外来で検診を受けてみてください。

女の子の疑問
これってどういうこと？

Q. おりものの色や匂いがヘン。病気になっちゃったかも、どうしよう……

A. もし、セックスを経験したとこがあって不安に思っているなら、一度、婦人科に検査にいくのがおすすめです。とくにつらいかゆみや痛みの症状があるときは、できるだけ早く受診を。

セックスをしたことがなくても、抵抗力が弱っていると、膣の自浄作用が弱くなって、カンジタ菌の腟炎《ちつえん》を起こすこともあります。詳しくは、P98の「性行為により感染する病気」の表を参考に。

プライベートゾーン（胸や性器）をお医者さんに見せることは、恥ずかしいと感じてしまうかもしれませんが、つらい症状で悩み続けるよりも、スッキリ治して不安を取り去るほうが大切です。

なかなか勇気が出ないときには、おかあさんや養護の先生に相談しましょう。きっと力になるアドバイスをくれますよ。

Q. 彼ができたけど、性病になるかもって思うと、怖くてセックスできなくなる……

A. この不安は、とてもよくわかります。まずは、正しい知識をもつことをおすすめします。また、「彼氏＝セックス」ではないことも覚えておきましょう。「彼氏ができたらみんなやっているから……」と流れにまかせてセックスをすることは、自分の気持ちを大切にしているといえるのか？　よく考えてみてください。

性感染症は、コンドームの使用で感染の確率はかなり抑えられます。また、お互いに検査をして性病をもっていないことを確認してからセックスをすることもおすすめです。でも、「学生だし、そんな検査は受けられない……」というなら、今は「ノーセックス」の時期かもしれません。あなたの気持ちをハッキリと彼に話してみるのはどうでしょうか？

「怖い」気持ちや不安を一緒に話し合ったり、正しい知識を踏まえて一緒に語り合えるような彼なら、きっとわかってくれると思います。

こうして不安な気持ちをもっているのは、あなただけではありません。安心してくださいね！

Q. いい婦人科ってどうやって探せばいいの？

A. いろいろな婦人科があるので、迷うことも多いと思います。もし住んでいる地域で“思春期外来のある婦人科”があれば、ぜひ利用してみてください。思春期のプロの先生たちがアドバイスをしてくれますよ。

また、おかあさんに聞いてみるのはどうでしょう。おかあさんのかかりつけの婦人科があれば、一緒に行ってもらうことをおすすめします。

どんな先生かということも、気になると思うので、事前にホームページなどで検索してみましょう。直接電話で問い合わせをしてみると、予約が必要かどうかの確認もとれますよ。

性について調べたい、相談したいときは……

「思春期・FPホットライン」（社団法人日本家族計画協会）
TEL 03-3235-2638　月～金曜日 10:00 ～ 16:00（祝祭日は休み）
思春期世代が抱える体についての不安、月経トラブル、性感染症、避妊に関する相談などを、思春期保健相談士が電話で相談に応じてくれます。
＊相談は無料ですが、電話代はかかります。

「ガールズナビ～女の子のためのからだ系お役立ちサイト～」
（社団法人日本家族計画協会）
http://girlsnavi.jp
思春期の体の悩み、生理のこと、避妊のことなど、不安や疑問に関するアドバイスが満載の携帯サイト。

「OC情報センター」
http://www.pill-ocic.net
低用量ピルや避妊、女性の健康管理についての情報が得られるサイト。

4章

彼氏がいれば幸せ!?

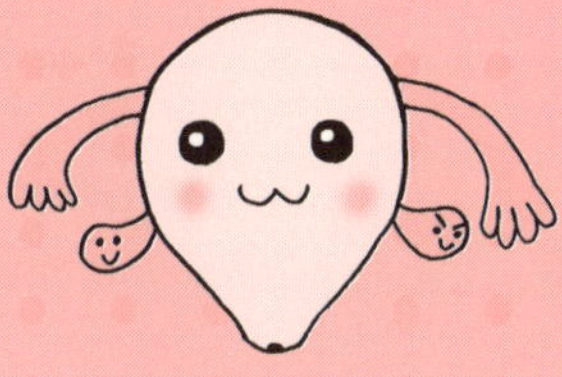

あなたにとって彼氏ってどういう存在？
幸せな恋愛をするためにはどんなことを心がければいい？
この章では、幸せな恋愛の基礎になる、心からハッピーになれるお付き合いについて一緒に考えよう。

心と心がつながったお付き合い、できている？

ただいま～
あれ？
舞は今日バイト？
今日ね
彼が晩ご飯に連れて行って
くれるって
メールがきてたよ
やたら絵文字が多かった……
新しいのだね～
あんまり
物みたいに
言わないで
舞を大事にしてくれる
人だといいけどね
あまり遅くならないでとは
メールしたから……
おかあさんあなたたちを
信じているから
自分を大切にしてね～
うんうん
わかってるよ
いただきま～す
そのころ
おいしいご飯
ありがとう
ございます～
楽しかった！
舞ちゃん、まだ
時間あるかな？
う～ん
あんまり遅く
ならないって
約束しちゃったんだよね
でも少しだけなら……

ラッキーな感じ！
じゃあ、ゲーセン
行っちゃおうか～
うんうん
GOー!!
GAME CENTER
わーわー
あっ、いけない！
もうこんな時間だ！
あ～
もっと一緒に
いたいなぁ
でも
明日も学校が
あるから……
ふーん
けっこう、見かけよりも
いい子ちゃんなんだね
なに？
なんでもない～
じゃーね
？？？
なんか冷たい
ような
あっ！
急がなきゃー

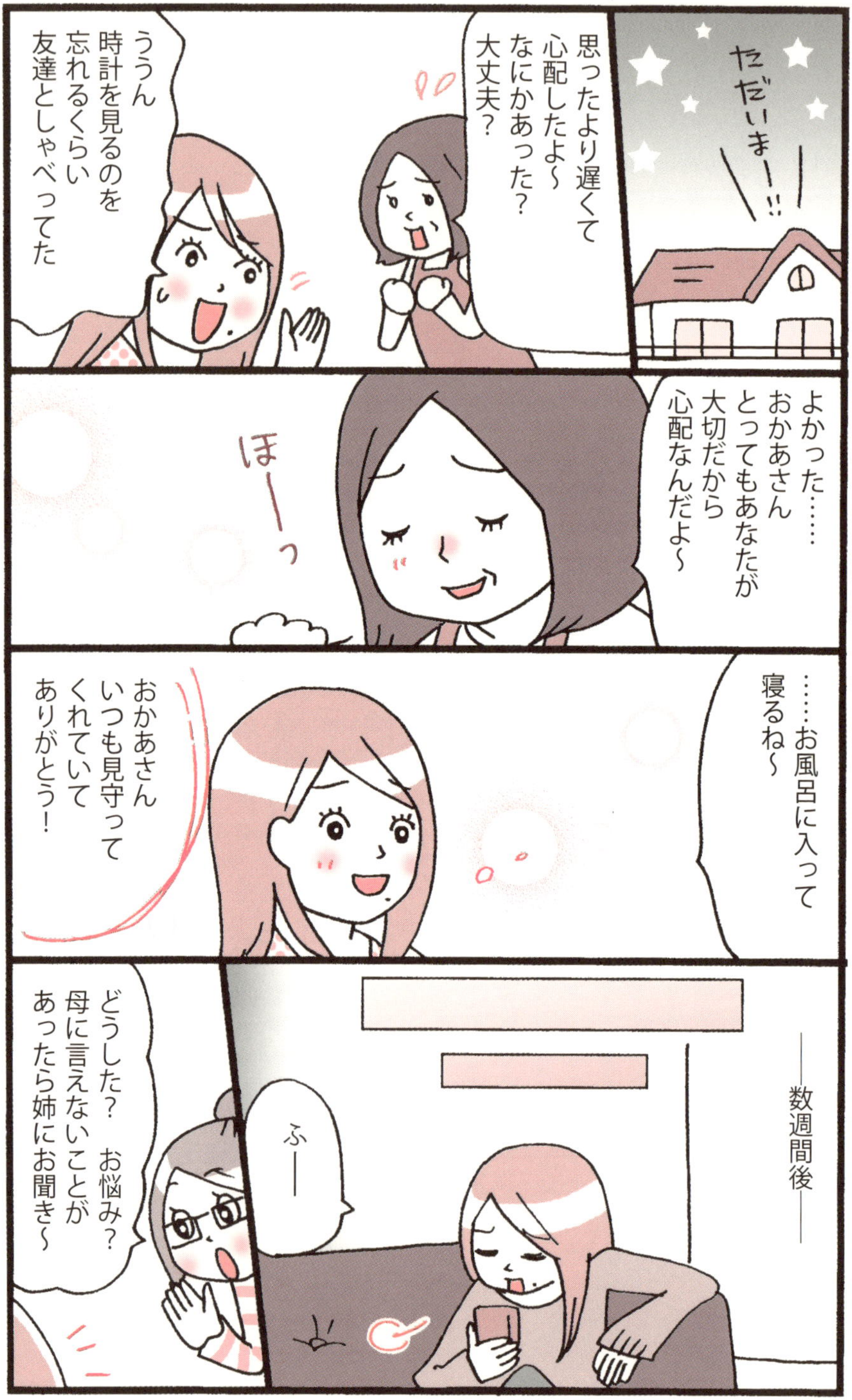
ただいまー!!
思ったより遅くて心配したよ～なにかあった？大丈夫？
ううん時計を見るのを忘れるくらい友達としゃべってた
よかった……おかあさんとってもあなたが大切だから心配なんだよ～
ほーっ
……お風呂に入って寝るね～
おかあさんいつも見守ってくれていてありがとう！
──数週間後──
ふー
どうした？ お悩み？母に言えないことがあったら姉にお聞き～

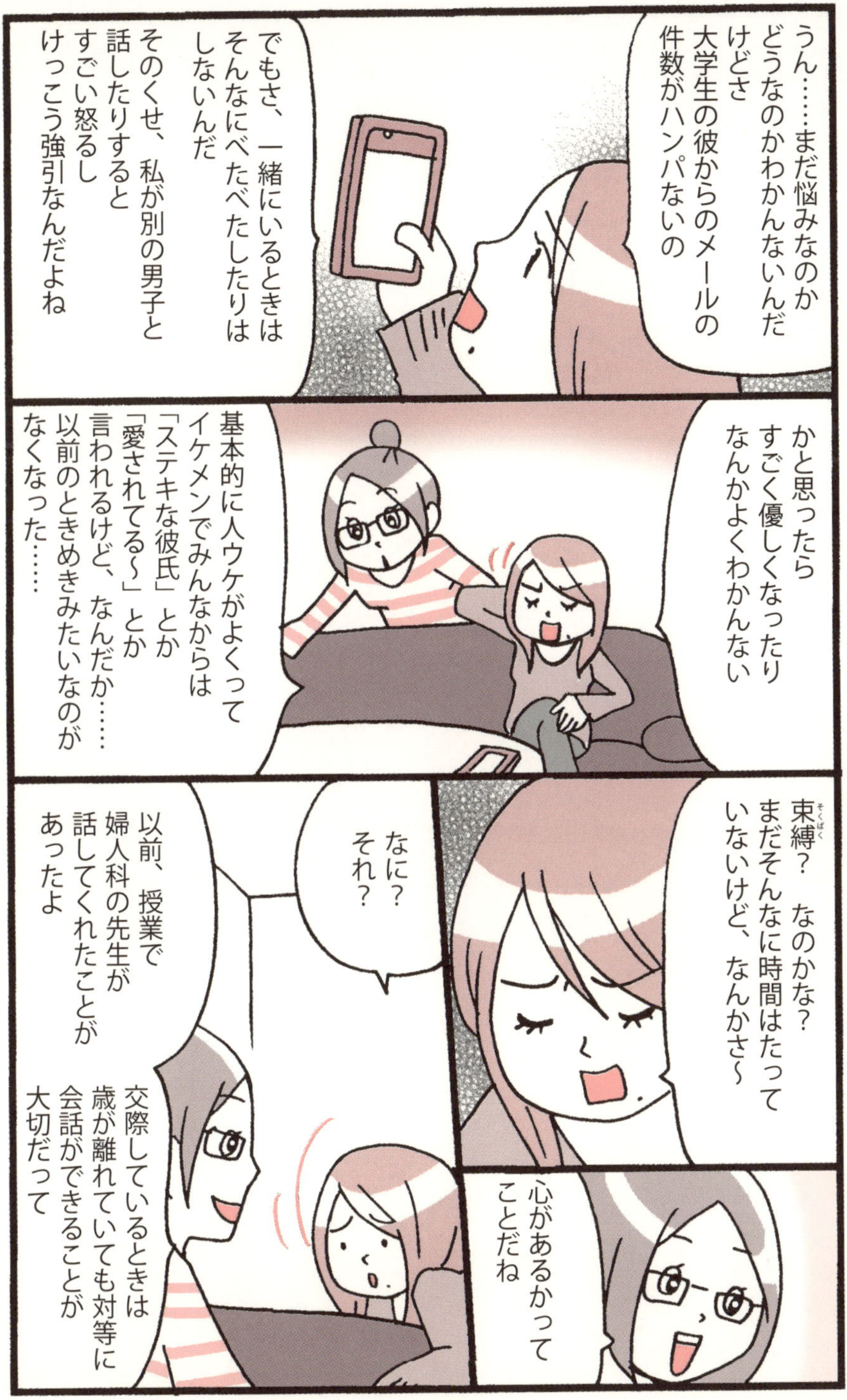
うん……まだ悩みなのか
どうなのかわかんないんだ
けどさ
大学生の彼からのメールの
件数がハンパないの
でもさ、一緒にいるときは
そんなにべたべたしたりは
しないんだ
そのくせ、私が別の男子と
話したりすると
すごい怒るし
けっこう強引なんだよね
かと思ったら
すごく優しくなったり
なんかよくわかんない
基本的に人ウケがよくって
イケメンでみんなからは
「ステキな彼氏」とか
「愛されてる～」とか
言われるけど、なんだか……
以前のときめきみたいなのが
なくなった……
束縛《そくばく》？ なのかな？
まだそんなに時間はたって
いないけど、なんかさ～
心があるかって
ことだね
なに？
それ？
以前、授業で
婦人科の先生が
話してくれたことが
あったよ
交際しているときは
歳が離れていても対等に
会話ができることが
大切だって

つまり
思いやり
相手は自分のことを
本当に思いやって
くれているだろうか
自分も本当に相手を
思っているか
また、自分のことも
大切にできているかと
いうこと
彼に嫌われたくないという
気持ちから
本当は嫌だと思って
いることもNOと
言えずにいたりしていない？
人と人とのつながりは
「心と心」の
つながりあいが基本だよ
心がつながっていれば
人はお互いに
思い合えると思うんだ
舞は、彼と対等に話せる？
心と心でつながっている？
う──ん
心はつながってるのかな？
手はつないでるけど……
手だけ？
なんだよ
それ！
バフン
冗談！
手をつないでドキドキしたり
好きだなって思ったりしてる？
心からハッピーな気持ちに
なれているのかな？

うーーん、最近はあんまりハッピーじゃないんだよね
ほかの男子と話すと怒られたり
私の携帯を見られたりして
なんだか嫌な気持ちになったよ
携帯を見るってルール違反な気がするよ
個人のプライバシーもあるしね
なんか
ちょっと話したら
気持ちが見えてきた
ありがと♪
困ったことがあったら言いなね
――後日――
やっぱりなんだかすっきりしない
どうしたの？
舞ちゃん
なんか最近
メールの返信が遅くない？
超心配なんだけど
ちょっと忙しくて……
バイトが終わったら
話があるの
いいかな
あー、今日、予定があるけど少しだったら大丈夫だよ

先輩、ちょっと気になっていることがあって聞いてみたかったんですけど
先輩は私がほかの子とメールしたり、男の子と話をするとすごく怒りますよね……
正直つらくなるんです
なんで怒るのかわからない
……舞ちゃんを独占したい気持ちでついそんなふうになっているのかもしれない
いやな気持ちにさせてごめんね
こうやって話しているときもいつも携帯を触っているのに私が同じことをしたら「俺を見てない」とか「誰？　誰にメール？？」とか言いますよね？
……そうかな
意識してなかったな
やさしくて、親切だったのに付き合ったらなんか人が変わったような気がします

舞ちゃんって
なんでもはっきり話すね
そんな子だと思わなかったな
なんだか俺がすげー悪いやつって
聞こえるよ
なんか悪いことした？
俺のほうが年上だから
ちょっとくらい強引に
なっちゃうのって
あたりまえでしょ
……私
恋愛にはマナーが
あると思うの
年上とか年下とか……
そういうのじゃなくて……
お互いが相手のことを思う
気持ちや、一緒にいて
ハッピー！ って思える
気持ちが大切だと思ってる
それと……やっぱり
携帯電話を見られたことが
私はとてもショックだった
なんか、信用されてないっていうか
探られてるっていうか
そう思ったら気持ちがモヤモヤして
楽しいデートもメールのやり取りも
つらくなってきた
泣かれると弱いよ
でもさ、俺
本当に
舞ちゃんのこと
好きなんだよ
舞ちゃんが
気に入らない
ところは直すからさ
別れたくないな

そんなこと言われても……私、なんか気持ちが冷めちゃったっていうか……
でもさ、俺は、別れる気ないし……今すぐ別れなくてもいいじゃんもう少し考えてよ俺は、舞ちゃん一筋なんだから！
う～ん、でも、ずるずるするのは嫌だし、ハッキリしたいから私、別のバイトも見つけたのだからきちんとさようならしたいです
バン
えっ！　まじで？本当にお別れなのかよ
俺はこんなに好きなのにな俺、舞ちゃんの気持ちが変わるのを待ってるからねいつでもメールしてよ！
もうメールしません先輩もメールしないでくださいさようなら
お茶代私が払いますから！

――家で――
とってもやさしくて親切な先輩だったのに付き合ったらいつも監視《かんし》されているような気持ちだったなメールも一日に何度も勉強や友達や家族との時間だってあるのに……
「かっこよくてやさしくて」と見た目でお付き合いするのはもうやめよう……
あれ？どうしたの？なんか嫌なことでもあった？
……なんであんな人と付き合ったのだろうって
うんうんあるある
でもさ、人って考えて行動するよりハートで行動するときってあるじゃない？そのときは「好き！お付き合いしたい！」ってハートが感じたんだからさ

最初はよかったんだけど……
だんだんといろいろ
監視されているような……
メールもたびたびで返信が
遅いと催促《さいそく》がくるし
そういうのに疲れた……
恋愛にもマナーが必要よ
だって人と人の
人間関係だもの
恋人だからなにをしても
いいってルールはないよね
モラルハラスメントとも
いうし、デートDV（P133）って
言葉も最近よく耳にするけど
それに近かったかも
しれないね
ある意味
別れて正解だったし
早く気づけて
よかったかもよ
うん
大人のレディーに
なるために勉強に
なった
そうだよ
今度は
同じ間違いをすることなくきっ
と素敵な人とめぐり会えるから
大丈夫！
失恋は新しい出会いの
チャンスって言うでしょ
そうだね
新しい出会いの
チャンスか！
うん
元気が出た
ありがとう愛ねえ
お風呂でも入って
さっぱりしてくるね！

——後日——
新しいバイト先で
新しく入りました
村野舞です
今日からよろしく
お願いします
これは
どうするんだろう……
キョロ
キョロ
まだ新しい
バイトだから
慣れないや……
これは
ここに置くんだよ
届く？
ヒョイ
なんだかちょっと
ドキドキしたぞ
もしかして
新しい恋の予感？
今度は、前のような
失敗をしないように
ちゃんと見極めなきゃ
ドキ
ドキ
よ〜しバイト
がんばるぞ！

交際の基本スタンス

異性とお付き合いする人も増えてくるお年ごろ。「彼氏がいれば幸せ」って思いがちだけど、本当に幸せなお付き合いについて一緒に考えてみよう！

ハッピーな恋愛をするためのポイント

思いやりがある

彼の思いやりを感じられる？　あなたも彼を思いやっている？　迷ったときは自分の胸に手を当てて聞いてみよう。

対等な話し合いができること

彼と対等に話せる？　たとえば年上の彼だからって遠慮していない？　嫌われたくないからといって相手の言いなりになっていない？　話すことで、愛が生まれる（＝話し愛）といいね。

興味本位なセックスはしない

本来、セックスとは人と人とがはぐくむ究極のコミュニケーション。五感すべてを使うつながりの行為で、命をつむぐ神聖なものなんだ。お互いがそれをわかったうえでの合意でないと、心からハッピーにはなれないよ。

コラム　自分たちの愛の形をもとう！

性行為にこだわらない愛の形――それが「ノーセックス」という選択。一緒にいてハッピーで、お互いを尊重して認めあえる関係、励ましあえる関係こそ本当の愛。自分たちの愛の形をもつことって、ステキなことなんだよ。

デートDVってなぁに？

デートDV（ドメスティック・バイオレンス）とは、交際中の男女間に起きる精神的、肉体的な暴力のこと。体だけでなく、精神的にも傷つけられたり、いつも緊張状態(相手の顔色をうかがいながらの付き合い)にあったりするときなどは、デートDVの可能性も。
そんなときには、ひとりで思い悩まず、ご両親など、信頼できる大人に話してみて。被害にあった人のほとんどが「話してよかった！」と言っているよ。

DVの種類

言葉の暴力
相手に向かって傷つくような言葉をぶつけること（「デブ」「バカ」「そんなこともできないのかアホ」など）

心理的な暴力
わざと無視をしたり、機嫌が悪くなったり、威圧的《いあつてき》な態度をとってきたり、言うことを聞かないと「別れる、死んでやる……」なんておどされたり。ほかにも、「好きだから（たたいた）」など暴力を正当化しようとする、好みの服装を強要する（無理やり俺色に染めようとする）なども。

身体的な暴力
たたかれたり、殴られたり、物を投げられたり、強引につかまえられたり、引っ張られたり、家に監禁されたり、物をわざとたたいたりなど、身体的な苦痛を与えられること。

社会的な暴力
相手が自分以外の人（女友達、男友達とわず）と交流することを嫌がる、交流させないようにする、携帯電話をチェックされる、苦痛になるほどのメールや電話がくるなど。ときに、「家族より俺のほうが大事だろ！」と家族から引き離そうとすることも。

性的な暴力
相手が望まないのに性行為を無理強《むりじ》いすること。怖がらせて本人が望まないことをする、嫌がるのにポルノなどを無理やり見せる、避妊に協力しないなど（女の「NO」は本当は「YES」などと勝手に解釈。「NO」は「NO」です！）。

暴力をふるったあとの「やさしい言葉」に注意！

暴力をふるったあとに「ごめんね」「愛しているんだよ」「お前がいないとだめなんだ」と急に態度が優しくなったり、プレゼントをくれたりすることがあるよ。やさしくされると、「あ、私のことを大切にしてくれている。彼を救えるのは私だけ。彼が暴力をふるうのは私が悪いのかも」という思いが芽生えるかもしれない。でも、ズルズルとつきあうとそこから抜け出せなくなってしまうよ。

暴力を受けていい人なんていないよね。もし悩んでいたら、身近な人に話したり、緊急のときは警察などにSOSを発信しよう。

友人がデートＤＶにあってるかも……というときは、大人に協力を得るように。友達同士で解決しようとすると、あなた自身が被害にあうこともあるから気をつけて。

やっぱり
この人しか
いない……
ごめんよ
愛してるんだ

コラム　なぜ暴力をふるってしまうのか？

暴力をふるう人は、自分に自信がなくて、相手をコントロールしたいという気持ちが強い人。相手を支配することで優越感《ゆうえつかん》のようなものを感じるのかもしれないね。でもそれは、自分が弱いから、自信がないから……の裏返しなんだ。

自分を大切にしてくれる男性って？

お互いに思いやりをもってお付き合いできる男性の特徴をあげてみたよ。彼氏選びの参考にしてね！

友達が多い、または親友がいる

友達が多いというのは、ただ携帯電話に入れている名前だけの友達じゃなくて「お互いに助け合える友達」という意味。友達は多くなくても、何か困ったときに相談できる親友がいれば、信頼関係をはぐくめる人だよ。

打ち込むことがある

勉強でもスポーツでも趣味でも、何かに打ち込める人ってステキだよね。

人の目を見て話が聞ける

自分に自信がある人は相手の目を見てちゃんと話が聞けるよ。

あいさつがしっかりできる

あいさつは大事なコミュニケーション。友達だけでなく、先生やご近所さんなどにも明るくあいさつできるような人は、まわりに安心感を与えるね。

思いやりがある

家族のことを思いやれたり、困っている人を助けられたりなど、人のことを思いやれる人ってやさしさがあふれているよね。

自分のいいところを認められる

以前の自分と比べて少しでもいいところを見つけて、「俺って、半年前より成長したよな」なんて言える男子はステキです。

思いこみがない

「みんなちがってみんないい」と思っている人は◎。相手の価値観を受け入れられる人は、一緒にいて楽だよ。

思いこみにとらわれない　男女関係を！

あなたは、「女らしさ」を思い浮かべる言葉をいくつあげられる？

優しさ、やわらかさ、おだやかさ、あたたかさ、家庭的、家事、育児、感情的、おしゃべり、愛嬌《あいきょう》、男性に従う……など、人によってイメージがちがうよね。

では、「男らしさ」を思い浮かべる言葉はどう？

厳しい、強い、守る、仕事、社会性、論理的、無口、度胸、リーダー……など。

これらはいわゆる「思いこみ」。男だからかならずしも厳しくて強いわけではないし、女だからといってみんながおだやかでやさしいわけでもないよね。長い歴史の中で家事や育児をになってきた女性、仕事をして経済的に家族を支える男性――こういった社会的な背景による男女のイメージがあるよ。

この思いこみは悪いわけではないけれど、今は生活スタイルや社会も変化しているから、性別で役割を分ける必要はないんだ。

大切なのは、性別もふくめた「個性」「自分らしさ」。「みんなちがって、みんないい！」「あなたもOK！　わたしもOK！」と、自分や相手を肯定できるプラス思考が、信頼関係を築くカギとなり、ステキな相手とめぐりあえることにつながるんじゃないかな。

ワーク 「自分らしさ」「あなたらしさ」を書き出そう！

あなたはどんな人？　自分で思う自分のイメージと、家族や友達に聞いたあなたのイメージを書き出そう。自分で思っていたイメージとちがっていたりして、素敵な自分の一面に気づくことができるかもしれないよ。

あなたの思う「自分らしさ」

家族や友達などが感じる「あなたらしさ」

「痩《や》せたい！」願望を強く持ちすぎると……

「摂食障害《せっしょくしょうがい》」という言葉を耳にしたことはある？　摂食障害とは、極端な食事制限をしてしまい、それ以上食べられなくなってしまったり、食べたことを後悔して、食べ物を吐き出してしまったりすること。体調を崩すことも多いよ。

なぜこういうことが起こるかのというと、「痩せてもっとオシャレをしたい」「痩せてモテたい」「痩せたら自分に自信がもてる」と思っている人が多いから。中学生の女の子の８割、高校生の女の子の９割近くが、痩せたいと思っているというアンケート結果もあるよ。

みんなが読んでいる雑誌のモデルさんやテレビに出てくるアイドルはいろいろな努力をしてスタイルを維持しているのかもしれないけど、食事だけ減らすダイエットは健康を害してしまうことを覚えておいてね。

思春期は心と体の成長期。食べ物は自分の心と体をつくる元なのだから、無理なダイエットよりも、体にいいものを意識して食べる（P32）ほうが健康的な美しい体になれるよ。

もし、あなたが摂食障害になって悩んでいたら、信頼できる大人に相談をしよう。何よりも自分を責めずに過ごしてね。つらい経験を乗り越えることで、あなたの人生はより豊かになるはずだから、焦らずゆっくり治そうね。

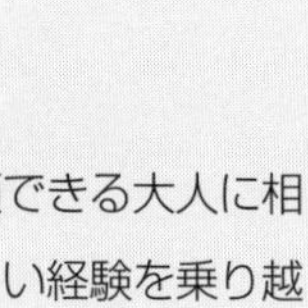

女の子の疑問
これってどういうこと？

Q. 恋愛が長続きする秘訣って？

A. お互いに同じくらいの気持ちで思い、思われている関係がベスト。好きだからといって尽くしすぎたり、相手に期待しすぎたりすると重荷になってしまいます。なんでもバランスが大事なのですね！

そして、どんなことでも話し合って、相手の短所も長所も受け入れられるような関係になれたら最高ですね。

私たちはしぐさや声色、メールでのやりとりよりも、いっぱい話し合って、「リアル」なコミュニケーションをしていくことが大切です。

Q. 恋愛自体がめんどうくさい！

A. いろいろな考えがあるので、それもひとつです。日本の中学生は、学校、塾、習い事、部活……などで忙しいと思います。みんなどこか疲れていて、めんどうと感じることもあったり、心から「好き！」と思える相手に出逢えていなかったりするのかもしれません。

あなたはあなたのペースで、のんびり進んでいきましょう！

Q. リアルな男子より、芸能人しか愛せない

A. きっとまわりに魅力的な男子がいないのかもしれませんね（笑）。テレビなどで活躍しているスターはステキな人がいっぱい！　でも、彼らも見えないところで努力しているからこそ、輝いているのだと思います。

きっとあなたのまわりにも、ひたむきに努力してキラキラ光る前の原石のような男の子がいるかもしれません。魅力的な人は、時間がたてば登場してくるから焦らなくても大丈夫！　思い切って自分が芸能界に入るというのも、ステキな恋の作戦かもしれませんね♪

Q. 両想いの人はいるけど、親がうるさくて付き合えない

A. 「親がうるさい＝あなたが大切で心配でしょうがない」ということ。あなたが大切だからこそ、ひとこと多くなってしまうのです。たとえば「門限を守るから、土曜日は友達と遊びに行かせて」など、心配を少なくさせるような話し合いをしてみてはいかがでしょう？

「うるさい！　うざい！」よりも、あなたから歩み寄ることで、きっと親は心を開いてくれるはずです。

親にウソをつきながら交際をすると、トラブルに巻き込まれたときに、本当に大変なことになる可能性もあるので気をつけましょう！

5章

みんな愛されて生まれてきた！

女性として幸せな人生を歩むためには、性とどう向き合って生きていけばいいのかを考えることも大事。
ここでは、自分を大切にする生き方や命の尊さについてあなたなりに考え、感じてみよう。

すべての命は尊《とうと》い！

わー
懐かしい写真だね
どうしたの？
あれ？
今日は舞の
誕生日だよ～
いつも
写真を替えてた？
うふふ……
気づかなった？
こうして、小さいころの
みんなの様子を思い出すと
今日まで無事に
大きくなってくれて
本当によかったな～って
心から思えるの
未唯は小さいころによく
カゼをひいたな～
舞は転んだり
高いところから
飛び降りたり
愛は虫が大好き
車や電車も好きで
女の子のおもちゃが
嫌いだったの

そんな子どもたちも
もうすっかりステキな
お姉さんたちだね
大変だった？
3人育てるの？
大変なときも
あったけど
いつもみんなの笑顔を
見るたびに元気になったよ
うげーー
つーかー
れーたー
ただいまー
バイト
おつかれー
舞ねえ、おかえりー！
お誕生日おめでとう♪
サンキュー
お！
デコパーツ～！
私はこれ～
うふふふ～
なに？？？？
これ？？？？
腹巻はわかるけど？
へ？？？？
布ナプキン？
私、最近使ってみたの！
なかなかいいよ～
あったかくて肌にやさしい
月経ケアセット
月経痛が楽になったって
人もいるんだよ
なによりも、自分で経血の
状態がわかったり、ゴミが
出なくて地球にやさしい！
布ナプキンと腹巻
かわいいでしょ～

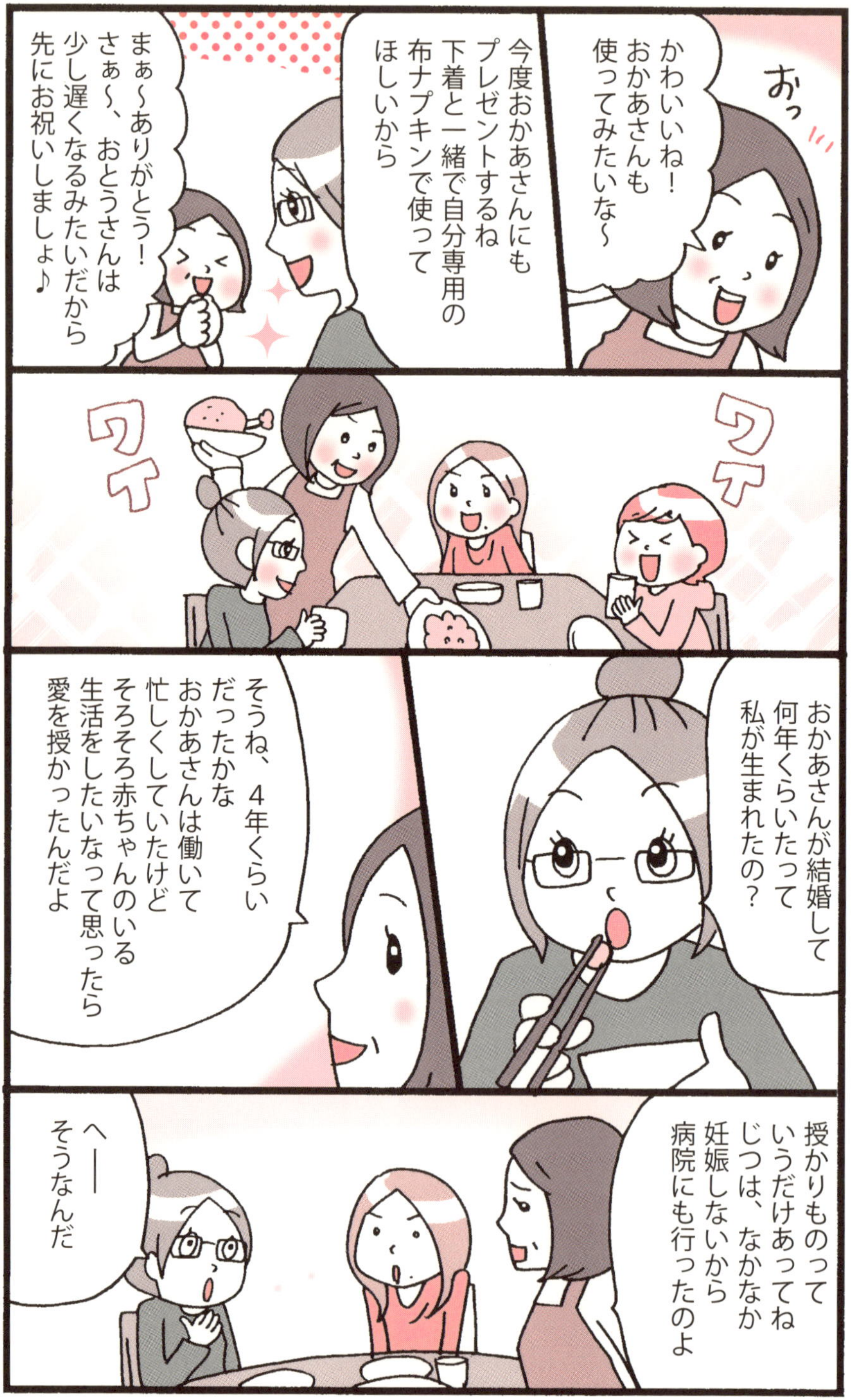
おっ
かわいいね！おかあさんも使ってみたいな～
今度おかあさんにもプレゼントするね下着と一緒で自分専用の布ナプキンで使ってほしいから
まぁ～ありがとう！さぁ～、おとうさんは少し遅くなるみたいだから先にお祝いしましょ♪
ワイ
ワイ
おかあさんが結婚して何年くらいたって私が生まれたの？
そうね、4年くらいだったかなおかあさんは働いて忙しくしていたけどそろそろ赤ちゃんのいる生活をしたいなって思ったら愛を授かったんだよ
授かりものっていうだけあってねじつは、なかなか妊娠しないから病院にも行ったのよ
へ——そうなんだ

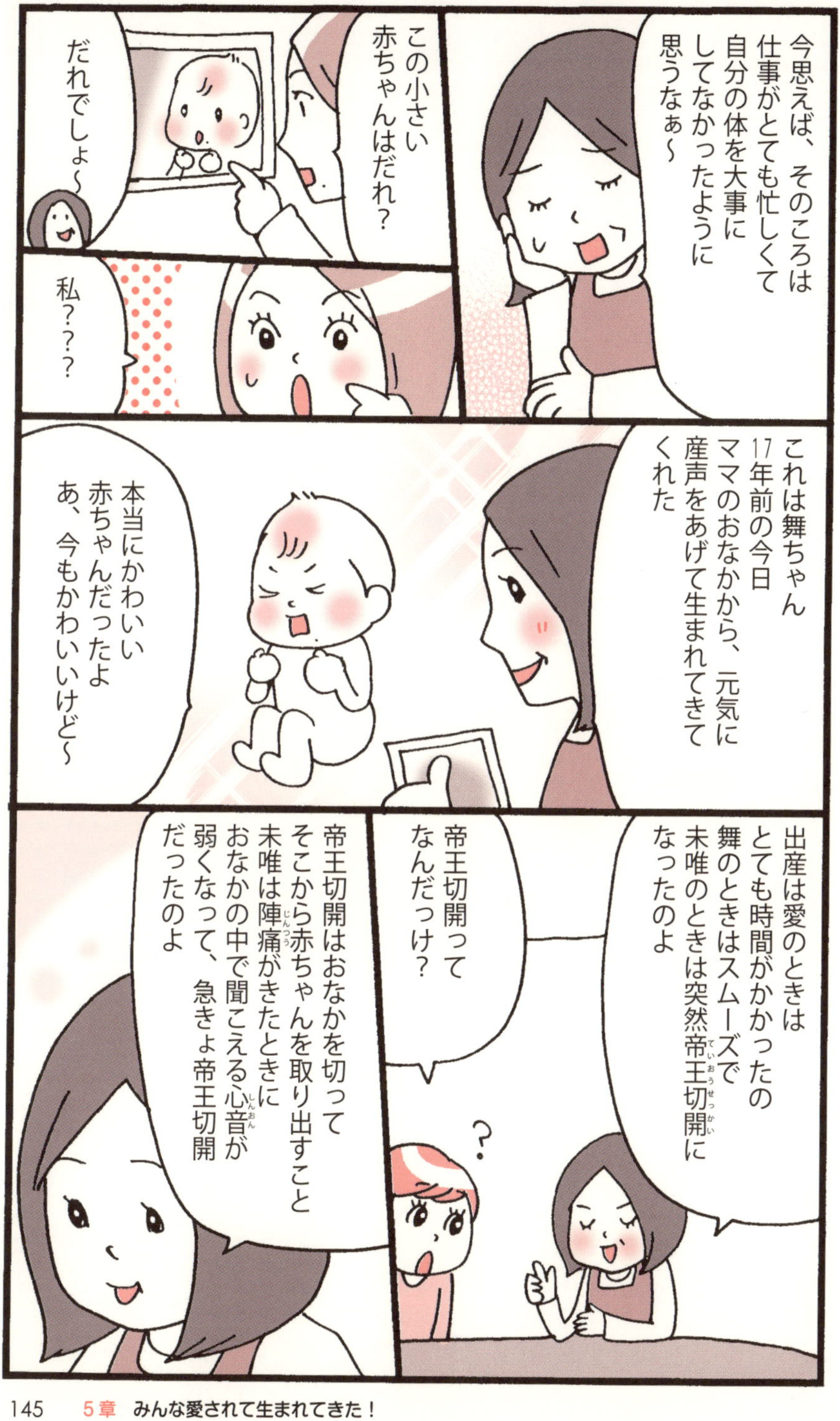
今思えば、そのころは仕事がとても忙しくて自分の体を大事にしてなかったように思うなぁ～
この小さい赤ちゃんはだれ？
だれでしょ～
私？？？
これは舞ちゃん 17年前の今日 ママのおなかから、元気に産声をあげて生まれてきてくれた
本当にかわいい赤ちゃんだったよ あ、今もかわいいけど～
出産は愛のときはとても時間がかかったの 舞のときはスムーズで 未唯のときは突然帝王切開《ていおうせっかい》になったのよ
帝王切開ってなんだっけ？
?
帝王切開はおなかを切ってそこから赤ちゃんを取り出すこと 未唯は陣痛《じんつう》がきたときにおなかの中で聞こえる心音《しんおん》が弱くなって、急きょ帝王切開だったのよ

大変だったんたね陣痛って痛かった？
うん、そうねでもこうして元気でしょ？そして愛のあとに2人も産んでいるから痛みよりも赤ちゃんが生まれてきてくれてうれしいっていう気持ちが先だったよ
もし余裕があったら何人でも産みたかった～、だって子どもがたくさんいるって大変だけど楽しいじゃない？
おかあさんの性格ならそうだけど、私はひとりでもいいかなもともとそんなに子ども好きじゃないし……
へーそうなんだでもわかるな～自分のやりたいことがあったらそっちを優先したいし……
うーん、未知の世界……だってやりたいことすらまだみつかってないよ、私
やりたいことも、将来のこともそのときになって初めてわかったりするよねでも、大切なことはキチンとおさえておかないとねせっかくだから、あなたたちに聞いてもらいたい話があるの
めずらしいね改まって

この前、ある講演会で産婦人科の先生のお話を聞いてきたの
日本で妊娠した6人に1人が中絶《ちゅうぜつ》をしているという悲しい現実があるんだって
中絶って？
妊娠しても赤ちゃんが産めない場合に医療的な処置で妊娠を終わらせることなのよ
中絶をした理由はいろいろだと思うけどきっと自分が産みたいと思った時期や産み育てられると思った時期とはちがったから途中で妊娠をあきらめるしかなかったのだろうね
そうなんだ……なんか悲しいね
どんよりしてきた
おかあさんは、みんなに「赤ちゃんを授かって産みたい！」って思ったときに産んでほしいなって思うから、話したの
そのためにも、避妊《ひにん》ってとっても大事だよって伝えたかった
避妊って？？
望まぬ妊娠を防ぐことよ
へー
舞、ちゃんと聞こうよあなたが一番聞くことだよ
そうかな～？

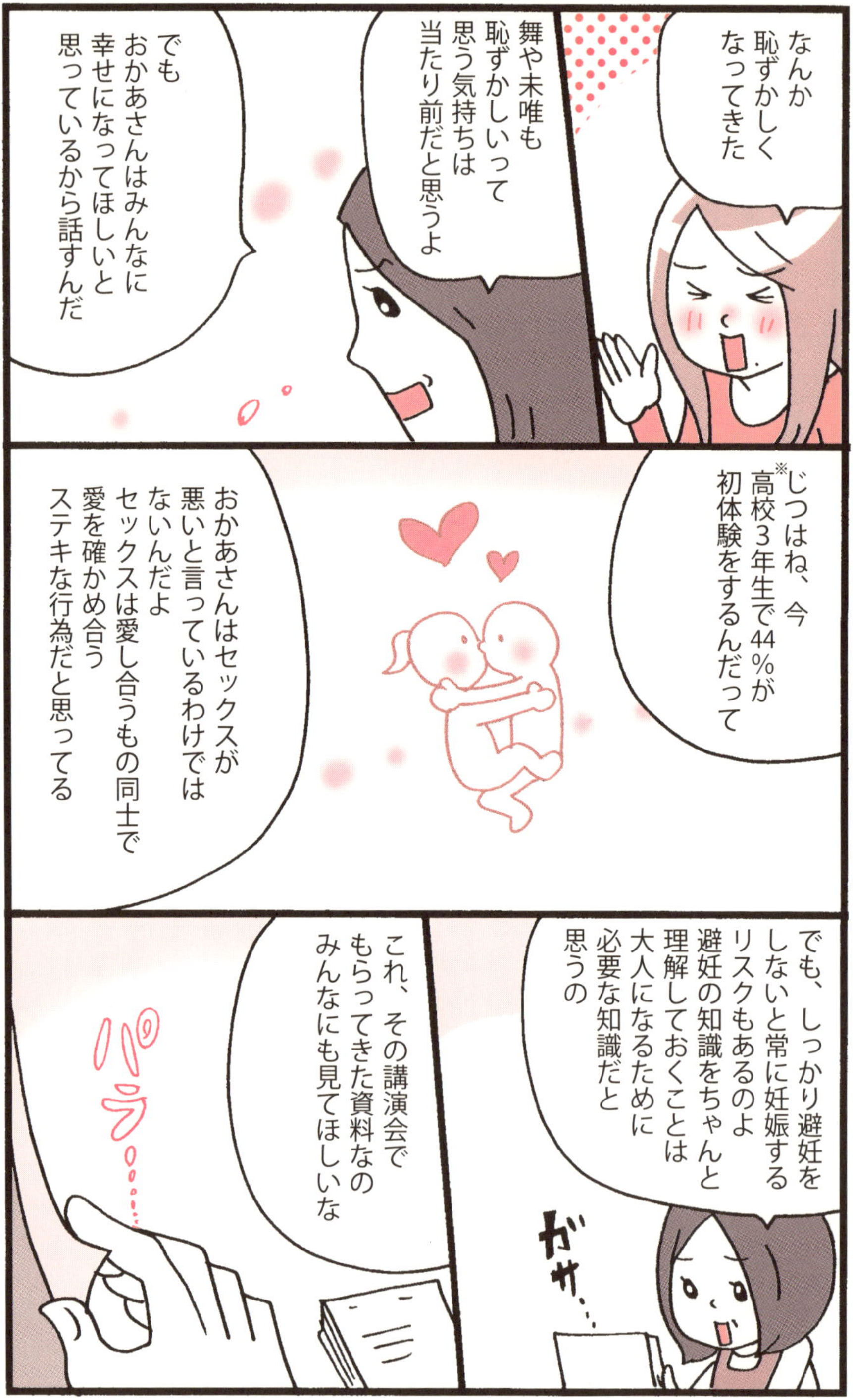

なんか
恥ずかしく
なってきた
舞や未唯も
恥ずかしいって
思う気持ちは
当たり前だと思うよ
でも
おかあさんはみんなに
幸せになってほしいと
思っているから話すんだ
※じつはね、今
高校3年生で44％が
初体験をするんだって
おかあさんはセックスが
悪いと言っているわけでは
ないんだよ
セックスは愛し合うもの同士で
愛を確かめ合う
ステキな行為だと思ってる
でも、しっかり避妊を
しないと常に妊娠する
リスクもあるのよ
避妊の知識をちゃんと
理解しておくことは
大人になるために
必要な知識だと
思うの
ガサ…
これ、その講演会で
もらってきた資料なの
みんなにも見てほしいな
パラ…

※児童・生徒の性東京都小学校・高等学校の性意識・性行動に関する調査報告2005年

●避妊していても妊娠する可能性が！

各種避妊法使用開始１年間の失敗率（妊娠率）

	コンドーム	低用量ピル
理想的な使用をした場合	２％	0.3％
一般的な使用をした場合	１５％	8％

出典：Hatcher RA et al.：Contraceptive Technology：Eighteenth Revised Edition. New York：Ardent Media, 2004. より

※「理想的な使用」とは、説明書の通り正しく使用した場合
「一般的な使用」とは、説明書の通りではないが選んだ避妊法を普通に使用した場合
（低用量ピルについては、飲み忘れも含む）

お宮ちゃん解説
コンドームをつけていても15％も妊娠する可能性があります
15/100！
つまり100回セックスしたら15回も妊娠することに……
すごい確率ですよね
ちなみに何の避妊もしないと85％が妊娠するというデータもあります
どうやら、避妊をしない原因のひとつに「準備をしていなかった」と回答した人が40％
だから、いざというときのために避妊の準備をしておくことも大切なんですよ
もってない!!
早く次のページも見たいな！
はいはい そう急がないで
ペラ・・・

☆避妊法その１　コンドームについて

コンドームとはゴム製の避妊具のこと。
セックスの前に勃起《ぼっき》したペニスに装着し、射精された精液が膣内に流れ出ることを防ぐことで、受精を妨げます。
粘膜の接触も防げるので、避妊だけでなくクラミジアなどの性感染症予防にも一定の効果があります。

●保存方法
持ち歩く場合、お財布やカバンのポケットなどやわらかいものに入れるのはNG。気づかずに傷や穴を作る原因に。

硬いハードケース（プラスチックやスチールなど）に保存して持ち歩きましょう。

キーホルダーの中に入っているコンドームや、おまけでもらったようなもので使用期限などが書いていないコンドームは古いものかもしれません。ゴムが劣化していると破けやすく失敗の原因になるので、かならず使用期限を確認して。

日光の当たる場所や高温のところでは劣化しやすくなるので保管場所にも気をつけましょう。

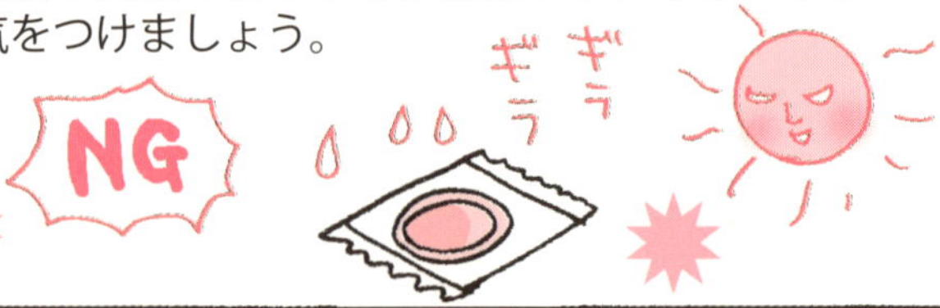

●コンドームの正しいつけ方＆はずしかた

①使用前はかならず手を清潔に。爪などで傷つくこともあるので気をつける

②コンドームを片方にずらす

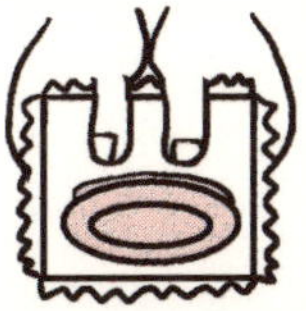

③袋の封は完全にとる

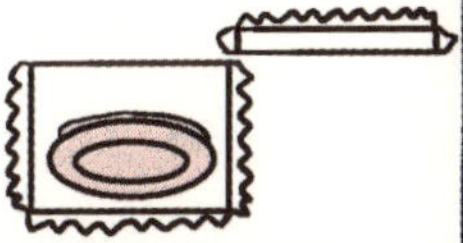

④指で押し出して取り出す。このとき表と裏の確認を。暗くてよく見えないときは、ゴムの巻き方で裏、表がわかる

⑤精液だまりのところをつまみ、空気をぬく

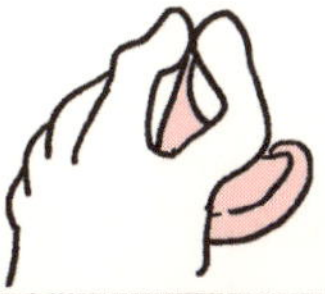

⑥ペニスの皮（包皮）を根元側に寄せた後、コンドームをかぶせ静かにおろし、しっかり根元までかぶせる

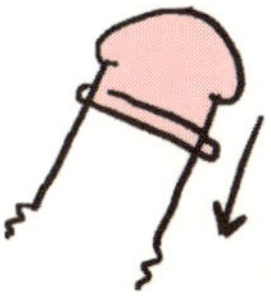

⑦射精後はすぐに、ペニスの根本のコンドームをおさえ腟から抜き、精液がもれないようにはずす

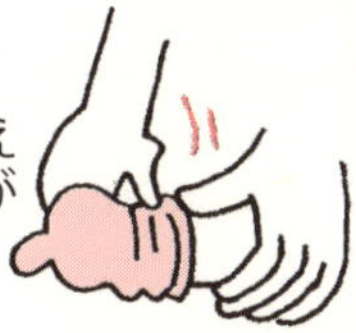

⑧精液がもれないようにしばって捨てる

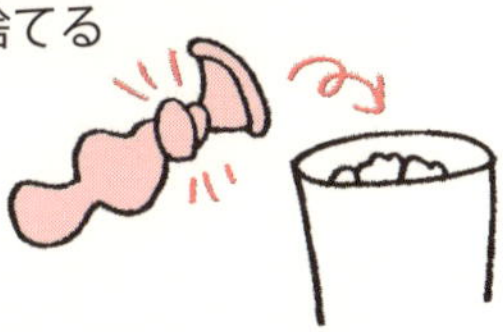

●コンドームをつけたのに失敗してしまう理由

・ペニスを包む皮（包皮）をしっかり下げてからコンドームを装着しないと外れてしまうことも。ペニスの根本まできちんと装着しましょう。
・毛を巻きこむと装着がはずれやすいので注意！
・「何度か挿入をした後、最後の射精のときだけつければ OK」は間違いです！　射精の前にカウパー腺液（P104）という分泌物が出て、そこにも精子が入っているのです。
　最初からかならず装着しましょう。

コンドームをしても
100％の避妊にはならないけれど
正しくつければ
性感染症の予防にはなるのね
へー
うーん
これって、相手を思いやる
〝当たり前のマナー〟なのかも
しれないね！
妊娠・感染
したくなければ、
NOセックスが一番！
それに
セックスすることだけが
愛することのすべての
表現でもない気がするな
そうだね
相手をどれだけ
思いやれるのか……
それが本当の愛だと
おかあさんも思うよ
あと
低用量ピルのことも
ぜひ覚えておいて！
☆低用量《ていようりょう》ピルについて
低用量ピルとは少量の女性ホルモン
（卵胞ホル モンと黄体ホルモン）を
内服して、排卵を抑制するもの。
正しく飲み忘れなければ
かなりの確率で避妊が可能。
世界では 9000 万人以上が
使用しています。
21 日間服用のものと
28 日間服用のものがあります。

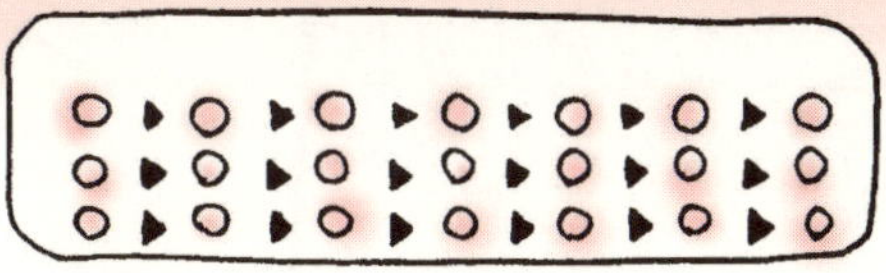

・21錠タイプ・・・女性ホルモンを含む薬成分の錠剤が21日間分入っているタイプ。28日間のサイクルで考えるので、次に飲み始めるまでの7日間は薬をお休みします。
・28錠タイプ・・・女性ホルモンを含むお薬の成分のものが21日分と7日間のプラセボ錠(ホルモンの入っていない薬)が入っているもの。

どちらのタイプも、1カ月分が1シートになっていて、持ち運びに便利なケースがついていたり、曜日や日付を間違えないようにシールやカードが入っているものもあります。ちなみに1シート（ひと月分）の価格は2000～3000円。**コンドームと低用量ピルを併用することで、感染予防と避妊率アップにつながります。**

●思春期の内服について
・月経がきている女性なら内服は可能。ただし、医師の診察が必要。
・診察時に質問や疑問を聞いて不安なく内服できるようにしよう。

●処方を受けるには
・問診（体の状態などを確認するお話）が中心。
・場合によっては（月経不順などのとき）血液検査や、超音波検査のある診察が必要なときも。

●服用の方法
・基本的には月経の1日目から内服（処方時の医師の指示に従うこと）。
・1日、1錠内服
・一番飲み忘れのない時間を自分の生活スタイルに合わせて決めよう。

へぇ～、低用量ピルっていう避妊薬もあるんだね
低用量ピルは避妊効果もあるけれど、不規則な月経や月経痛など月経トラブル改善のためにも効果があるって言われているのよ
それに、肌がキレイになるとも言われてるよ！
えぇ～そうなの？興味あり!!
ガタッ
舞は本当に〝キレイ〟に弱いんだから（笑）さぁ、最後のページにいってみよう！
愛ねぇやけに張り切ってるね！

腟外射精について

- 腟外射精とは、射精の瞬間に腟からペニスを抜いて外に精子を出す方法。
- 「絶対、つけなくても妊娠しないよ。大丈夫！」は間違い！
- 性感染症の予防はできない

つけなくても
大丈夫！
NO-!

緊急避妊薬について

- 避妊に失敗したとき（コンドームがやぶれた、性的被害にあった、ピルの飲み忘れなど）、性交から 72 時間以内に服用する避妊薬。
- 産婦人科に受診して処方が受けられる。
- 緊急避妊薬は 100%の避妊率ではない（一般的に 80%）。
- 避妊にかかる費用が高くなることがある（1 万円前後。高いところはもっと……）

勉強になったけど なんか、まじ はずかし〜
大人になる前に避妊の知識を知っておくことってとても大事だよね
じつは、この前授業で先生が言ってたんだけど「学校で避妊の方法を教えてないから避妊はしなくても大丈夫」と思いこんで妊娠してしまった中学生がいたそうなの

月経が始まったら
セックスをしたらだれでも
妊娠する可能性があるのだから
もしものときのためにもすごく
大切な知識だと思うよ！
ガタッ
おかあさんはみんなのことを
信じているし、恋愛にとやかく
言うつもりはないけれど
本当のところは、自分で責任を
とれるようになるまで大事に
とっておいてほしいなって
思うんだよね～
大切な話を
聞いてくれて
ありがとう
さーー
最後はケーキを
食べようか～！
くるっ
切り替え、
はやっ!!
おかあさんは私たちのことを
心配して
いろいろ話してくれたね
私ももっと勉強して
いきたいと思う
私が帝王切開で
生まれたってことも
はじめて聞いた気がした
大変だったんだね
出産は命がけって
いうでしょ
おかあさんと赤ちゃんの命
どちらも無事にいることって
本当に素晴らしいことなんだね
ハイ
お皿ー

実習で、実際のお産に立ち会ったときはつらそうで大変と思いながらもひとつの命が生まれてきたときは感動したよ
みんなもいつかおかあさんになって経験することよ
ま、先の話だけどさ
でもおかあさんが私たちを心配してくれてるのはわかったよ〜
ただいま〜
遅くなったね
遅すぎ〜
いつもおとうさん大事なときにいないね〜
？？？
なにかあったか？
生まれたときの話をしてたの
そうか〜
じつはとうさん愛と舞の生まれるときは「立ち会い出産」といっておかあさんのそばにいたんだぞ
とうさんは怒られながらおかあさんの腰をさすったり汗をふいたりして……それくらいしかできなかったけどね
本当におかあさんはよくがんばったね

未唯は突然の帝王切開で
あわてて会社から
猛《もう》ダッシュで病院に行ったんだよ
無事生まれてくれて
号泣したな(笑)
みんなが病院から
戻ってきてからは
毎日お風呂に入れてたな〜
へー
父親らしいこと
してたんだね
ただのカメラ
おじさんじゃ
なかったんだ
ハイ
どーぞ
小さいときも
いまもかわいい娘たち
舞は、もうこんなに
大きくなって
なにを買っていいか
わからなくてね
やっぱり少しずつ大人に
なる女性には
花が似合うかなってね
おめでとう
ありがとう〜

こんなふうに家族で過ごせるって幸せなことなんだろうね
……
どうした？
友達がね家に居場所がないってこないだ話してたよく夜も出歩いてなんだかかわいそうだなって
最近、そういう子が多いみたいだね家はあっても心の居場所がないって子
きっと大人の余裕がないから子どもたちにきちんと向き合えていないのかもね
世の中には本当にいろんな人がいるよ
うちのように両親がそろっていることもあれば、おかあさんだけおとうさんだけと暮らしている子も……でもみんな、一生懸命に生きている

最近は不登校やニートの問題もあるけれどみんな不登校になりたくてなったのではないしニートって言われたくてしているのではないよね本当は出口を探してもがいていると思う
おとうさんは受験に失敗して予備校生のときは腐ってたよ（笑）
でも苦労した分今こうして幸せを感じられる大人になったと思うあっ、語っちゃったね（笑）
よっ
おとうさんもたまにはいいこというんだね〜
アハハハハ

みんなぬくもりを求めている！

今は、メールやネットでつながる時代。相手の表情や声色さえわからないまま、ネット上でつながっていることを「安心」だと勘違いしていないかな？

あなたは「神待ち」という言葉を知っている？　最近「家出少女たちを救う」などという名目で、女の子と夜をともにしてくれる大人のことを「神」と呼び、そういう人を探している状態を「神待ち」といっているんだ。お金と肉体を交換条件にして女の子をまどわす大人を「神」なんて呼んじゃいけない。

自分を幸せにするのも、不幸にするのも自分の選択。「自分を大切にすること」だけは忘れないでください。

女の子をまどわす大人はとてもやさしいふりをするもの。ただ、それは最初だけ。本当に居場所がなくてさみしいなら、先生やお友達の家族など、信頼できる人にSOSを出してもいいんだよ。もし、困っている友達がいたら、友達同士で解決しようと思わないで、大人のサポートを受けてね。

最後に、とても残念なことだけれど、家族から性的な嫌がらせを受けている場合は、ひとりで悩まず、ぜひ信頼できる大人に相談してね。

Check!

BONDプロジェクト　http://bondproject.jp/

自宅が精神的なより所とならない、帰る場所がないなど、生きづらさを抱える10代・20代の女の子のための女性による支援を行うNPO。

メール相談、面談（要予約、10代無料、20代以上はワンドリンク1000円）受付中。詳しくはHPから。

中絶した赤ちゃんからのメッセージ

妊娠した人の6人に1人が中絶をしている（流産など医学的にやむをえない場合もあります）――このデータを見て、あなたはどう感じますか？

年間20万件以上の中絶が日本で行われています。日本は、先進諸外国に比べて、計画的な妊娠の割合が低い状態にあります。

そして、それ以上に、ひとりひとりの女性が、中絶によって、心身ともに傷ついています。

体は回復しても、心の傷が癒《い》えずに苦しんでいる人がたくさんいるのではないでしょうか？

もしも中絶をしたことのある人がいたら、どうか自分を責めないでください。あなたは産みたくても産めない状況だったのかもしれない……きっと、たくさん悩んだ末に決めた出来事だったと思います。

まずは何よりも、体を大切にすること。そして、自分を大切にすること。

このつらく、悲しい経験が、あなたの人生のなかで大きな糧《かて》となってくれます。本当の悲しみやつらい体験をしたことのある人は、人の痛みがわかる人になれるからです。

そして、赤ちゃんのことを忘れずに生きてください。赤ちゃんは、今回はこの世に生まれることができなかったけれど、「あなたを悲しませるためにやってきたのではないよ。もっと自分の心と体を大事にしてね」というメッセージをもってきたのだと思います。

命をかけて、このメッセージを伝えにきたのです。そして、二度と同じことが起きないように、とも願っていると思います。

悲しい経験から学んだことを大切にしながら、地に足をつけて、一歩一歩自分らしい道を歩むことがあなたの心の元気につながっていきます。

もし、心の元気を取り戻せず、生活に支障が出るようなら、カウンセリングを受けたり専門家に相談をしてくださいね。

ハッピーな思春期を過ごすために

「自分ってどうしてこんなふうなんだろう？」「なんで生きているんだろう？」と感じたことはある？　じつは、こうした心のモヤモヤは思春期に誰でも通る道。心の中で悩み苦しみながら「アイデンティティ（＝自分というもの）」が確立するよ。アイデンティティが確立すると、地に足のついた夢がイメージできるようにもなるんだ。

夢の見つけ方、かなえ方

あなたの夢はなんだろう？　どんなことでも夢は夢です。たとえば、「犬を飼いたい！」というのも夢。では、その夢を実現するために、あなたは何ができるかな？　大きくなったら仕事をして収入を得て、犬の飼えるマンションに暮らして……と、想像が広がるね。
そして、夢は願い続けるとかなうもの。こうして私が本を出せたことも、小さなころから本を書きたいと思っていたから。夢をあきらめる前に、夢を見ることを楽しもう！

心がよろこぶことをしよう

あなたにとっての幸せってなぁに？　いい大学に入って、いい会社に就職して、いいだんなさんをもらって……。それで本当に幸せになれるかもしれないし、なれないかもしれない。でも、それは自分自身が決めること。
幸せの形はいろいろだけど、ワクワクすることを基準に考えてみてはどうかな？　現実的な幸せももちろん大切だけど、ワクワクする心の豊かさが欠けてしまうと、現実も色あせてしまうよ。
あなたの心がよろこぶことは何なのか、心の声を聴いてあげてね。

自分と未来は変えられる

今、思春期まっただ中のあなた！　これまでの人生で、心の力、知識の力、経験の力をたくさんやしなってきたあなただから、これから先は、キラキラした未来が待っていることを信じて、ぜひやりたいことをやってみよう。
自分と未来は変えられる——とてもステキな言葉です。「自分が嫌い！」と思っている人は、自分の言葉と行動を、少しでもいいから明るいものに変えてみよう。自然と心も輝いてくるはずだよ！

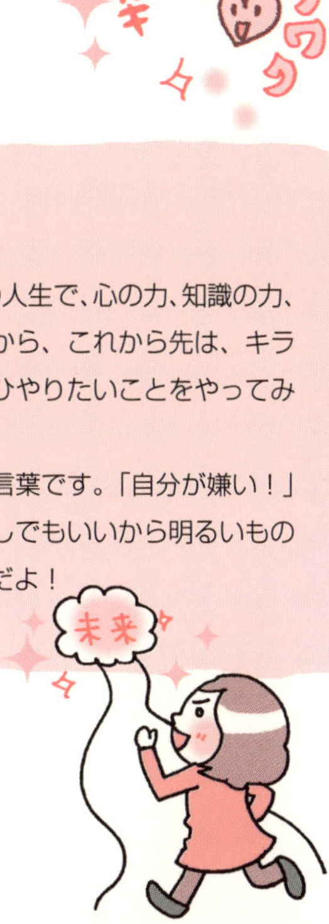

女の子の疑問
これってどういうこと？

Q. 10代で結婚して早く子どもを産み育てたいと思っているけど、大丈夫かな？

A. 「もし、妊娠したら……」という高校生のアンケートの中で、「産みたい」と思っている子が３割いました！　実際に高校生や大学生で出産をして、勉強＆仕事＆子育てをがんばれる人もいますが、周囲の理解やサポートがたくさん必要になります。日本ではそのあたりの理解が得られにくい環境ではありますが、決して無理なことではないはず。

こうしたことを踏まえた上で、強い意志をもち、赤ちゃんを愛して育てていけるとしたらステキなことだと思います。

人生にはいろいろな形があります。どんな形であっても、正解も不正解もありません。自分らしく生きられる方法を探してくださいね。

Q. 月経のときにセックスすれば妊娠しない？

A. 答えはNO！　月経中は避妊しなくてもいい、と思っている人も多いのですが、月経中でも妊娠します。月経リズムが不順な思春期は、いつ排卵が起こるかわかりません。「思春期は安全日はない」と思っていいでしょう。

また、月経中は、いらなくなった子宮内膜（経血）が体の外に出ている時期です。腟のなかの雑菌などから体を守る作用が弱くなっているので、抵抗力が下がっていて性感染症を移されやすいので、注意が必要です。

Q. 誰も自分のことを愛してくれない。
家族からも……。
孤独な毎日をどうしていいかわからない。

A. もしも、本当にあなたが愛されていなかったら、誰があなたのおむつを替え、お世話をしてくれたのでしょうか？

人間はひとりでは生きていけません。生まれてすぐ立つことも、栄養をとることもできないのです。誰かの胸に抱っこされ、大きくなって今があります。

今、この瞬間に愛を感じることができず「さみしくて、消えてなくなりたい」と思うことがあるかもしれません。そんなときには、自分の命の中にたくさんのご先祖さまからの命のバトンがつながって今があることや、小さかったころのことを感じてみてください。

みんなひとりのようでひとりではなく、つながっているのです。安心してください。今は心から信頼できる友達や存在がなくても、あなたが心からあなたらしく生きることができたときに、きっとステキな仲間とつながることができるはずです。

孤独を感じているなら、まずは自分から愛のある行動をとってみましょう。すると愛が集まってきますよ！　愛はまずは与えることから。そして感謝をこめましょう。そうすれば、さみしさもうすれていきます。

Q. 親が大っ嫌い！　この感情がおさまらない！

A.

思春期になると、とくに異性の親に嫌な気持ちが芽生えることがあります（女の子だとおとうさん）。小学生の低学年のときにはなかった感情だと思います。

とくに「一生懸命親の期待にこたえよう！」とがんばっている子に多いかも。期待にこたえようとがんばっていたのに、突然認められなくなったりしたときに、そのさみしさや反発が大きく出ることもあります。

そんなときは、日記を書いてみましょう。書くことで自分がなにを考えているかハッキリ見えてきます。上手か下手かは関係ありません。たとえばノートいっぱいに、「ヤダ、ヤダ、ヤダ！」なんて書いてもＯＫ！

その後、ビリビリにやぶってスッキリするのもいいと思います。

感動する映画を見たり、思いきり笑ったりして気分をリフレッシュするのも◎。気持ちが落ち着いたら、親に自分の気持ちを素直に伝えてみましょう。感情をぶつけず冷静に話せば、親もあなたの気持ちに向き合ってくれますよ。

Q. 出産ってみんな死ぬほど痛いって言うけれど、どんな痛さなの？ なんで、その痛さに耐えられるの？

A. みんな死ぬほど痛いって言うけれど、死んでいませんね（笑）。そして、きょうだいもいるし、人口も増えています（地球全体で70億人になりました）。ということは、たくさんの女性が産んでいるので、乗り越えられない痛みではないということです。

女性が痛みに強いのは、毎月の月経の経験があるからともいえます。

私は出産の現場で「笑うお産」も見てきましたし、おかあさんが「気持ちよかった！　もう一回産みたい！」と言ったお産もありました。出産の痛さは「手を切ったら傷ができて痛い」という外傷として負った傷とは違います。

私も帝王切開を経験したのでおなかの傷は痛かったのですが、それ以上に、赤ちゃんが生まれたよろこびやかわいさがまさって、痛みを忘れてしまうときもありました。

出産は自分のおなかではぐくんだ命と初対面する貴重な出来事です。「鼻からスイカが出る～」なんていうありえない痛みではありませんから、ご心配なく（笑）。

おわりに

「生」と「死」と「性」

2011年3月11日の東日本大震災のとき、あなたは何をしていましたか?

多くの人が家や仕事をなくし、尊い命がたくさん失われました。たくさんの命が一瞬で消えてしまうことなど、現実的ではないように思うかもしれませんが、人生はいつ、どんなことがあるかわからないことを教えてくれたようにも思います。

今この瞬間は、二度とやってきません。でも、「今」私たちは確実に生きています。せっかく命を授かり生まれてきたのですから、「生きている」ことを心で感じながら、この瞬間をしっかり生きてほしいと思うのです。

今を一生懸命生きることは、「性」を感じることにもつながります。

「性」という字が「心」＋「生きる」から成り立つように、性とは、〝自分の心と素直に向き合って生きる〟ことだからです。私たちが、今こうしてここに生きているのは、たくさんの命のバトンがつむがれてきた結果ですから、命はみな尊いのです。

その一方で、若い人の自殺が増えています。自ら命を絶たなければならないほど、本当につらかったのだと思います。命を絶つまでに至らなくても、「自分なんていなくなったらいいんだ」という思いから、自らを傷つける行為（リストカット）をする人もいます。

もしそのときに、ほんの少しでも相談できる人がいたら……、ただ話を聞いてくれて、そばに寄り添ってくれる人がいたら、何か変化があったかもしれません。

残念ですが、それでも死を選ぶ人もいます。

「生」と「死」はまったく正反対のことのように思えますが、生があるから死があるのです。この世に生まれて、人生を歩み、子から子へと命をつなぎ、土に還《かえ》ること――それがこの世に存在する意味なのかもしれません。

今の日本は核家族で、「死」を身近に感じる機会が少ないかもしれませんが、家族や身近な人の死などに立ち会ったことがある人は、「死」そして「生」に対して、いろいろなことを感じることができます。死をゴールとして考えると「今、生きている大切さ」を実感します。

桜の花が散るように、いつかは終わる大切な命。あなたの存在が次の命をつなぐかもしれないし、あなたがこうして存在することが、だれかを笑顔にし、幸せを感じることにつながっています。

そんな命のバトンを感じるためにも、ぜひご先祖さまに「命をつないでくれてありがとう。あなたたちのおかげで、今こうして生きています」と伝えてみてください。なんだか心がほっこりします。ご先祖さまもきっとよろこんでくれるでしょう。

ご先祖さまを20代前までさかのぼると、なんと104万人の人があなたの命をつなぐために存在したことになるそうです。すごいですね！

「生」と「死」と「性」を考えて、感じることは、自分の命を大切にすることにもなると思います。

ぜひ、今このときを大切に生きて、人生を輝かせてください。

いつまでも、あなたのおかあさんの気持ちで応援しています。

やまがたてるえ

★参考文献一覧★

- 『思春期の月経—もっと知りたい自分の体』 堀口雅子　板津寿美江　江角二三子　鈴木幸子（少年写真新聞社）
- 『保健体育のおさらい　性教育』 早乙女智子（自由国民社）
- 『SEX & our BODY—10 代の性とからだの常識』 河野美代子（日本放送出版協会）
- 『女性ホルモン基本事典—不調をなおしてキレイになる』 監修　平田雅子（成美堂出版）
- 『もっと知りたい基礎体温のこと』 監修　松本清一　編著　基礎体温計測推進研究会（十月舎）
- 『思春期の性の問題をめぐって』 編著　平岩幹男他（診断と治療社）
- 『0 歳からの性教育読本』 キム・ミョンガン（阪急コミュニケーションズ）
- 『メグさんの性教育読本』 メグ・ヒックリング（ビデオドック）
- 『ひとりじゃない〜自分の心とからだを大切にするって？』 遠見才希子（ディスカヴァー 21）
- 『ライフ　誕生学の現場から』 大葉ナナコ（ポプラ社）
- 『10 代の性の悩み Q&A—小学校高学年から中学生まで』 北沢杏子（アーニ出版）
- 『女の子・男の子 思春期の性とからだの本』 丸本百合子・村瀬幸浩（ゆうエージェンシー）
- 『僕のカラダ　君のカラダ』 監修　岩室紳也（新紀元社）
- 『女は毎月生まれ変わる』 高岡英夫　三砂ちづる（ビジネス社）
- 『愛する、愛されるデート DV をなくす・若者のためのレッスン7』 山口のり子（梨の木舎）
- 『いいんじゃない　いいんだよ』 水谷修　岩室紳也　小国綾子（講談社）
- 『思春期の子どもの心のコーチング』 菅原裕子（二見書房）
- 『女の子の育て方』 諸富祥彦（WAVE 出版）
- 『日本の子どもの自尊感情はなぜ低いのか』 古荘純一（光文社新書）
- 『いのちの教育〜高校生が学んだデス・エデュケーション〜』 清水恵美子（法蔵館）
- 『いのちの授業』 寺田恵子（学習研究社）
- 『Q & A 子どもの性の相談室』 高柳美知子（大月書店）
- 『ピリオド〜女の子の話〜』 北沢杏子 他（アーニ出版）
- 『それ、恋愛じゃなくて DV です』 瀧田信之（WAVE 出版）
- 『児童・生徒の性　東京都小学校・中学校・高等学校の性意識・性行動に関する調査報告—2005 年調査』 東京都幼稚園・小・中・高・心障性教育研究会編 （学校図書）
- 『性感染症』 利部輝雄（悠飛社）
- 『ママ、さよなら。ありがとう』 池川明（二見書房）
- 『若者の性　白書—第 6 回青少年の性行動全国調査報告』 日本性教育協会（小学館）
- 『命の大切さを学ぶ性教育』 上田基（ミネルヴァ書房）
- 『いのちのバトン　初めて出会う相田みつをのことば』 相田みつを　立原えりか（角川書店）
- 『恋するきみたちへ。—ちっちゃい先生からのメッセージ』 上村茂仁（ふくろう出版）
- 『世界一の美女になるダイエットバイブル』 エリカ・アンギャル（幻冬舎）
- 『ママでいるのがつらくなったら読むマンガ』 山﨑洋実（主婦の友社）

【著者紹介】

やまがた てるえ（助産師／バースセラピスト）

◉——1975年北海道生まれ。小さいころの祖母の介護、死の記憶が鮮明に残り、自然と医療の世界へ憧れ看護学校へ進む。看護学校卒業と同時に助産師学校へ入学。卒業後は総合病院、産婦人科クリニック、統合医療クリニックに勤務。現在は地域の育児支援活動に参加。育児相談などを行っている。

◉——2人の娘の母となってからは、「ママの笑顔を応援すること」をライフワークとし、母親の産後の心の傷を少しでも解放できるよう「バースセラピスト」としてBLOGを中心に情報発信。お話会活動なども行っている。

◉——性を知ることが「生」を知ることにつながることを、ひとりでも多くの人に感じてもらいたいという思いから『13歳までに伝えたい女の子の心と体のこと』（かんき出版）を執筆。本書は続編となる。

【HP】https://www.hananoki.com/
【BLOG】「生まれてきてくれて ありがとう」http://ameblo.jp/birth-therapist/
【twitter】https://twitter.com/birththerapist
【facebook】「15歳までに伝えたい女の子の心と体のこと」
http://www.facebook.com/omiyachan15/

編集協力 — RIKA（株式会社チア・アップ）

15歳《さい》までの女《おんな》の子《こ》に伝《つた》えたい 自分《じぶん》の体《からだ》と心《こころ》の守《まも》り方《かた》 〈検印廃止〉

2012年4月2日　第1刷発行
2018年5月11日　第4刷発行

著　者——やまがた てるえ©
発行者——齊藤 龍男
発行所——株式会社かんき出版
東京都千代田区麹町4-1-4西脇ビル　〒102-0083
電話　営業部：03(3262)8011㈹　総務部：03(3262)8015㈹
編集部：03(3262)8012㈹　教育事業部：03(3262)8014㈹
FAX　03(3234)4421　振替　00100-2-62304
http://www.kanki-pub.co.jp/

印刷所——シナノ書籍印刷株式会社

ISBN978-4-7612-6826-8 C0037